U0733034

自愿性内部控制
审计披露与资本成本：
理论分析与经验证据

VOLUNTARY INTERNAL CONTROL
AUDIT DISCLOSURE AND THE COST OF CAPITAL:
THEORETICAL ANALYSIS AND
EMPIRICAL EVIDENCE

施继坤 ◎ 著

首都经济贸易大学出版社
Capital University of Economics and Business Press
·北 京·

图书在版编目(CIP)数据

自愿性内部控制审计披露与资本成本:理论分析与经验证据/施继坤著. -- 北京:首都经济贸易大学出版社,2018.4
ISBN 978 - 7 - 5638 - 2777 - 0

Ⅰ. ①自⋯　Ⅱ. ①施⋯　Ⅲ. ①企业内部—审计—成本管理—研究　Ⅳ. ①F239.45

中国版本图书馆 CIP 数据核字(2018)第 050464 号

自愿性内部控制审计披露与资本成本:理论分析与经验证据
施继坤　著
ZIYUANXING NEIBU KONGZHI SHENJI PILU YU ZIBEN CHENGBEN:
LILUN FENXI YU JINYAN ZHENGJU

责任编辑	王猛
封面设计	砚祥志远·激光照排　TEL: 010-65976003
出版发行	首都经济贸易大学出版社
地　　址	北京市朝阳区红庙 (邮编 100026)
电　　话	(010)65976483　65065761　65071505(传真)
网　　址	http://www.sjmcb.com
E - mail	publish@cueb.edu.cn
经　　销	全国新华书店
照　　排	北京砚祥志远激光照排技术有限公司
印　　刷	人民日报印刷厂
开　　本	710 毫米 × 1000 毫米　1/16
字　　数	216 千字
印　　张	12.25
版　　次	2018 年 4 月第 1 版　2018 年 4 月第 1 次印刷
书　　号	ISBN 978 - 7 - 5638 - 2777 - 0/F · 1536
定　　价	38.00 元

图书印装若有质量问题,本社负责调换
版权所有　侵权必究

　　本书系贺州学院博士科研启动基金项目（HZUBS201603）和东北石油大学培育基金项目（PY120138）的重要成果之一。感谢贺州学院科研处和东北石油大学科研处的资助！

序　言

安然事件的爆发让全球资本市场清楚地认识到,仅仅依靠企业财务报告披露及其审计无法实现对企业契约执行的有效监督,而对企业财务信息生产流程起监控和优化作用的内部控制引起了资本市场的极大关注。在资本市场上,上市公司披露的内部控制信息是投资者判断公司内部控制有效性、盈余可靠性、违规可能性与自身投资风险性的重要依据,同时也是债权人评价公司信息风险和违约概率的主要参考。在内部控制审计报告自愿披露阶段,有为数不少的上市公司自愿披露了审计师出具的内部控制审计报告,由此引发了对其行为动因和经济后果的理论探讨和经验研究。

考察信息披露经济后果的重要视角之一就是资本成本。资本成本通常被视为是捕捉信息披露如何实现其向信息使用者提供价值相关信息功能的一项标准。内部控制审计信息的自愿披露究竟会对公司的权益资本成本和债务资本成本产生怎样的影响?二者的作用机理是否相同?如果内部控制审计信息的自愿披露能够起到降低资本成本的作用,那么在我国目前的资本市场环境下,是否存在横截面或跨期变动数据的经验支持?在我国转型经济环境下,政府在社会资源配置中仍发挥着重要作用,又通过控股国企转身成为资本市场的参与者。那么,理解债务市场上的契约结构就必须考虑我国特有的产权制度,即我国上市公司"天生禀赋"的产权性质差异是否会影响自愿披露内部控制审计报告的信号显示效果?本书尝试为上述问题提供理论支持和经验证据。具体来讲,本书在以下几个方面进行了积极而有益的探索:

第一,立足于我国沪深 A 股主板市场,与现有研究采用已实现报酬率测算权益资本成本的方法不同,本书运用财务分析师盈余预测数据和 Easton(2004)的 PEG 模型测算事前权益资本成本,检验在我国资本市场信息披露环境下,上市公司自愿披露内部控制审计信息如何影响权益资本成本。上述研究视角和方法,不仅为证实我国财务分析师盈利预测有用性提供了经验证据,而且也从研究内容和方法上丰富和拓展了现有的相关研究。

第二,基于我国上市公司债务融资的现状,考虑到不同债权人在信息搜集和处理能力等方面存在的差异,本书将债务资本市场进一步细分为公开债务市场(即交易所间公司债市场)和私有债务市场(即银行信贷市场)两部分,针对我国公开债务市场发行的公司债和私有债务市场的银行借款分别构建计量经济模型,检验内部控制审计信息的自愿披露如何影响债务资本成本。

由于契约结构内生于制度约束,在我国转型经济环境下,政府在社会资源配置中仍发挥着重要作用,又通过控股国企转身成为资本市场的参与者。因此,本书将上述关系嵌入我国特有的产权制度环境,进一步考察产权性质对内部控制审计报告信号显示行为效果的影响,具有非常的现实意义。

第三,《公司债券发行试点办法》于2007年正式发布,标志着我国公司债券市场的正式启航。公司债券市场的发展,有利于上市公司拓展融资渠道、降低依赖银行贷款带来的财务风险,对发挥市场在社会资源配置中的决定性作用做出了积极的贡献。大力发展公司债券是当前金融改革的热点问题,提高公司债券融资在直接融资中的比重是我国债券市场发展的一项战略目标。

目前,国内对公司债的相关研究还处于起步阶段,仍以定性分析为主,缺乏定量研究,更鲜有运用大样本实证检验研究公司债券一级市场和二级市场的定价问题。本书针对我国公司债券市场展开的理论分析和实证检验,有利于丰富有关公司债券研究的文献,拓展我国公司债券定价的相关理论,积累基于中国制度背景的相关经验证据。

本书的研究拓展了内部控制信息披露经济后果的理论边界和研究范畴,为公司进行自愿性内部控制审计信息披露的动机和经济后果提供合理的分析框架和数据支持,也为政府进一步规范内部控制信息披露和监管政策、加强金融市场深化改革以及保护外部相关者利益提供政策建议。本书可以作为财经类院校高年级本科生、学术型和专业学位研究生以及博士生的课外阅读材料使用;同时,相信本书对关注中国公司内部控制信息披露问题的学者、政府相关职能部门、风险投资公司及上市公司董事会和高级管理人员都会有较多启发。

方红星

2017 年 9 月

前　言

　　我国财政部等五部委联合发布的《企业内部控制基本规范》和《企业内部控制配套指引》，从 2011 年 1 月起首先在境内外同时上市的公司实施，自 2012 年扩大到上海证券交易所、深圳证券交易所主板上市公司。此前，我国上市公司内部控制审计及其披露尚处于自愿阶段。近年来，有为数不少的上市公司自愿披露了审计师出具的内部控制审计报告，由此引发了对其行为动因和经济后果的理论探讨和经验研究。资本市场的有效运行离不开信息披露。内部控制信息披露是企业信息披露不可或缺的重要组成部分。上市公司内部控制的设计和执行都存放在公司的"黑箱"之中，而内部控制审计报告的自愿披露是公司管理层向外部利益相关者释放的内部控制质量信号。在我国现阶段的制度环境下，从资本成本视角考察内部控制审计及其自愿披露的经济后果，对于实证评价我国有关内部控制的制度规范及其执行效果、推动监管机关进一步完善相关政策的制定、规范内部控制信息披露、加强资本市场的监管以及保护外部相关者利益，具有重要的理论价值和现实意义。

　　本书采用规范研究与实证研究相结合的方法，首先梳理了国内外关于信息披露与资本成本以及围绕内部控制展开的相关研究文献。然后运用契约经济学和信息经济学的经典理论，从契约理论、委托代理理论、信息不对称理论和信号显示理论出发，深入分析内部控制审计信息的自愿披露影响资本成本的理论基础，借以推演出自愿披露内部控制审计报告影响资本成本的作用机理。考虑到资本市场不同参与者在获取信息和防范风险的能力上存在差异，其对内部控制治理机制的依赖程度和关注程度也不同。在后续实证检验部分中，根据上市公司融资渠道的不同，立足于股票市场、公司债券市场和银行信贷市场，分别考察上市公司自愿披露内部控制审计报告对其不同融资来源资本成本的影响。此外，针对债务资本成本，考虑到我国债务契约往往内生于制度环境，本书还从上市公司产权差异对自愿披露内部控制审计信息的信号显示功效产生的可能影响进行了探讨。通过理论分析和实证检验，本书的主要发现和核心观点

如下:

第一,在自愿内部控制审计阶段,无论对于公开市场(股票市场和债券市场)还是私有市场(银行信贷市场),上市公司通过聘请独立第三方(注册会计师)对其内部控制有效性及其自我评价进行审计,借助自愿内部控制审计的信号显示功能,向资本市场利益相关者发送自身内部控制有效和财务信息可靠的真实情况,有助于利益相关者更加准确地估计公司价值和企业风险,从而降低自愿披露内部控制审计报告公司的资本成本。因此,内部控制审计作为我国企业有效披露内部控制信息的保障机制,使得资本市场参与者能够有效识别企业的内部控制质量,进而给予差异化对待并进行资本定价。

第二,针对债务市场,通过产权性质分组进一步研究发现,相对于非国有上市公司而言,国有上市公司自愿披露内部控制审计报告的信号显示强度有所减弱。这是因为国有产权提供的隐性担保作用使得资本市场中的广大投资者在进行投资决策时,放松对国有上市公司内部控制和信息质量的相应要求,从而弱化了上市公司自愿披露内部控制审计报告的信号显示效果。这一发现在公司债券的一、二级市场均获得了经验支持。但基于银行信贷市场的研究并没有获得上述信号显示效果受产权性质差异影响的证据,这可能与银行机构在搜集和处理有关借款人的公开和私有信息方面的能力有关。

最后,限于作者学术水平,书中难免有纰漏和不当之处,恭请理论与实务界的读者给予批评指正。

另外,还要感谢首都经济贸易大学出版社的支持,感谢潘秋华主任在本书编辑出版过程中所付出的辛勤劳动,他们的支持和帮助使得本书得以顺利出版。

施继坤

2017 年 10 月

目　录

图表目录

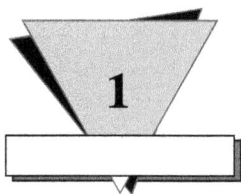

1

绪　　论

1.1 研究背景与研究意义

1.1.1 研究背景

内部控制是由企业董事会、监事会、经理层和全体员工实施的，旨在为实现企业的经营效率、资产安全、财务报告和合规目标等提供合理保证的过程。内部控制的概念提炼和实务发展在很大程度上应该归功于注册会计师职业界（方红星，2002）。内部控制活动直接融入于企业管理活动之中，并且与企业经营的效率和效果、财务报告的可靠性、对适用法律法规的遵循等目标直接相关，因此其日益引起学术界和实务界的关注。尤其是，安然事件的爆发引发全球资本市场对内部控制及其信息披露的极大重视。2002 年，美国《萨班斯 - 奥克斯利法案》（简称 SOX 法案）的 302 条款和 404 条款对上市公司财务报告内部控制的自我评价和外部审计提出了强制性要求，标志着美国内部控制审计进入了强制披露阶段。美国的这种做法迅速被其他国家和地区所效仿，在全球掀起了加强内部控制立法和监管的浪潮。

近年来，我国也加快了内部控制监管法规制度的建设步伐。2006 年，上海证券交易所和深圳证券交易所分别发布了内部控制指引，倡导上市公司披露内部控制自我评估报告和会计师事务所的审核评价意见。2008 年 6 月 28 日，财政部、证监会、审计署、银监会和保监会联合发布了我国第一部《企业内部控制基本规范》，规定该基本规范于 2009 年 7 月 1 日（后延至 2010 年 1 月 1 日）起首先在上市公司范围内施行，并鼓励非上市的其他大中型企业参照执行。2010 年 4 月 26 日，财政部等五部委联合发布了《企业内部控制配套指引》，包括 18 项《企业内部控制应用指引》、《企业内部控制评价指引》和《企业内部控制审计指引》，连同此前发布的《企业内部控制基本规范》，标志着适应我国企业实际情况、融合国际先进经验的中国企业内部控制规范体系基本建立，被称为中国版的"萨班斯 - 奥克斯利法案"（简称 C - SOX 法案）。执行该规范体系的上市公司，应当对本公司内部控制的有效性进行自我评价，披露年度自我评价报告，并可聘请具有证券、期货业务资格的会计师事务所对内部控制的有效性进行审计。该规范体系自 2011 年 1 月起首先在境

内外同时上市的公司实施，自 2012 年扩大到上海证券交易所和深圳证券交易所主板上市公司实施。

　　那么，在现实的实务工作中，我国上市公司针对内部控制信息披露又是如何操作的呢？为了弄清这一问题，笔者搜集整理了近年来我国上海证券交易所和深圳证券交易所发布的有关内部控制信息披露的具体指导要求。如表 1-1 和表 1-2 所示，截至 2012 年 12 月 31 日，从上海证券交易所和深圳证券交易所分别发布的《关于做好上市公司 20××年年度报告（披露）工作的通知》中关于内部控制信息披露的具体要求来看，从 2008 年起，对于在上海证券交易所上市的公司而言，属于"上证公司治理板块"、发行境外上市外资股及金融类公司，都应在年报披露的同时披露董事会对公司内部控制的自我评估报告；对于在深圳证券交易所上市的公司来说，所有上市公司应当对公司内部控制的有效性作出内部控制自我评价，经董事会审议通过并以单独报告的形式在披露年报的同时在指定网站对外披露。因此可以说，从实务操作来看，上市公司管理层对内部控制有效性的自我评价和信息披露已经进入强制实施阶段，但是，对于内部控制审计[①]及其信息披露，两大证券交易所都采取鼓励的态度。综上可见，目前我国上市公司内部控制审计及其披露尚处于自愿阶段[②]。

表 1-1　上海证券交易所对上市公司内部控制信息披露要求的有关规定

发布时间	关于内控信息披露的具体规定	依据	核心要点归纳
2006-12-29	在年报全文的"重要事项"部分，说明公司内部控制建立健全的情况。本所鼓励有条件的上市公司与本次年报同时披露董事会对公司内部控制的自我评估报告和审计机构对自我评估报告的核实评价意见	上海证券交易所上市公司内部控制指引	鼓励发表独立的内控自我评价报告和审计机构对其的核实评价意见

---

　　① 内部控制审计在自愿性披露阶段通常称其为内部控制鉴证，本研究遵循学术界的习惯，后续研究和文献梳理不再对二者进行严格的区分。

　　② 值得注意的是，2010 年 12 月 31 日，深圳证券交易所要求中小企业板和创业板公司应当至少每两年聘请会计师事务所对公司与财务报告相关的内部控制有效性出具一次内部控制审计报告。这一点本书在后文实证检验的样本选择过程中给予了考虑，从而消除了样本选择偏误对研究结论的不利影响。

发布时间	关于内控信息披露的具体规定	依据	核心要点归纳
2008-01-03	在年报全文的"重要事项"部分,说明公司内部控制制度、建立健全的情况。本所鼓励有条件的上市公司同时披露董事会对公司内部控制的自我评估报告和审计机构对自我评估报告的核实评价意见	上海证券交易所上市公司内部控制指引	鼓励发表独立的内控自我评价报告和审计机构对其的核实评价意见
2008-12-31	"上证公司治理板块"、发行境外上市外资股及金融类公司,应在年报披露的同时披露董事会对公司内部控制的自我评估报告。本所鼓励其他有条件的上市公司在年报披露的同时披露内控自评报告。本所鼓励上市公司聘请审计机构对公司内部控制进行核实评价,公司聘请审计机构对公司内部控制进行核实评价的,应披露审计机构对公司内部控制的核实评价意见	企业内部控制基本规范、上海证券交易所上市公司内部控制指引	"上证公司治理板块"、发行境外上市外资股及金融类公司,应披露内部控制自评报告,其他公司自愿。鼓励发布内部控制审计意见
2009-12-31	"上证公司治理板块"、发行境外上市外资股及金融类公司,应在年报披露的同时披露董事会对公司内部控制的自我评价报告。本所鼓励其他有条件的上市公司在年报披露的同时披露内控自评报告。本所鼓励上市公司聘请审计机构对公司内部控制进行核实评价,公司聘请审计机构对公司内部控制进行核实评价的,应披露审计机构对公司内部控制的核实评价意见	企业内部控制基本规范、上海证券交易所上市公司内部控制指引	"上证公司治理板块"、发行境外上市外资股及金融类公司,应披露内部控制自评报告,其他公司自愿。鼓励发布内部控制审计意见
2010-12-31	"上证公司治理板块"、发行境外上市外资股及金融类公司,应在年报披露的同时披露内部控制自评报告。本所鼓励其他有条件的上市公司(特别是拟申请加入"上证公司治理板块"的公司)年报披露的同时披露内控报告。本所鼓励上市公司聘请审计机构对公司内部控制进行核实评价,公司聘请审计机构对公司内部控制进行核实评价的,应披露审计机构对公司内部控制的核实评价意见	企业内部控制基本规范、上海证券交易所上市公司内部控制指引	"上证公司治理板块"、发行境外上市外资股及金融类公司,应披露内部控制自评报告,其他公司自愿。鼓励发布审计师内控核实评价意见

发布时间	关于内控信息披露的具体规定	依据	核心要点归纳
2011－12－31	"上证公司治理板块"样本公司、境内外同时上市的公司及金融类公司，应在年报披露的同时披露董事会对公司内部控制的自我评价报告。本所鼓励拟申请加入"上证公司治理板块"等其他上市公司披露内控自评报告。境内外同时上市的公司还应披露注册会计师出具的财务报告内部控制审计报告。本所鼓励内控报告试点等上市公司披露内控报告及注册会计师出具的财务报告内部控制审计报告	企业内部控制基本规范、企业内部控制配套指引	"上证公司治理板块"、境内外同时上市及金融类公司应披露内部控制自评报告。境内外同时上市公司还应披露内控审计报告
2012－12－31	（1）"上证公司治理板块"、金融类公司、境内外同时上市的公司和"2012年通知"要求的上市公司应披露内控自评报告。 （2）本所鼓励拟申请加入"上证公司治理板块"及其他上市公司披露内控自评报告。 （3）境内外同时上市以及符合"2012年通知"要求的上市公司，除应当披露内控报告外，还应当披露注册会计师出具的财务报告内部控制审计报告。本所鼓励其他上市公司披露内控审计报告。 （4）本所其他上市公司也应当根据"企业内部控制基本规范"和"企业内部控制配套指引"等相关要求，做好公司内部控制体系建设，并在"内部控制"中披露建立财务报告内部控制的依据以及内部控制制度建设情况	企业内部控制基本规范、企业内部控制配套指引、关于2012年主板上市公司分类分批实施企业内部控制规范体系的通知（财办会〔2012〕30号）（简称"2012年通知"）	"上证公司治理板块"、境内外同时上市、金融类公司及"2012年通知"要求的上市公司应披露内控自评报告。境内外同时上市公司及"2012年通知"要求的上市公司还应披露内控审计报告

资料来源：上海证券交易所网站，由作者整理而得。

表1-2 深圳证券交易所对上市公司内部控制信息披露要求的有关规定

发布时间	关于内控信息披露的规定	依据	核心要点归纳
2006-12-28	本所鼓励上市公司在披露年度报告的同时，披露公司内部控制制度的建立及执行情况，上述情况也可在本次年报正文的"重要事项"中进行说明	深圳证券交易所上市公司内部控制指引	鼓励披露公司内部控制制度的建立及执行情况
2007-12-28	(1)公司应当对公司内部控制的有效性进行审议评估，监事会和独立董事应当对公司内部控制自我评价发表意见。自我评价结果可以在年报全文"公司治理结构"一节中披露，也可以单独形成自我评价报告与年报同时对外披露。(2)鼓励有条件的公司聘请审计机构就公司财务报告内部控制情况出具评价意见	深圳证券交易所上市公司内部控制指引	公司监事会和独立董事应当就公司对内控的自我评价发表意见，鼓励公司聘请外部机构对公司的内控情况出具评价意见
2008-12-31	(1)上市公司应当对公司内部控制的有效性进行审议评估，作出内部控制自我评价，并以单独报告的形式在披露年报的同时在指定网站对外披露。内部控制自我评价报告须经董事会审议通过，公司监事会和独立董事应当对公司内部控制自我评价报告发表意见。(2)本所鼓励公司聘请审计机构就公司财务报告内部控制情况出具鉴证报告	企业内部控制基本规范、深圳证券交易所上市公司内部控制指引	公司应当对内控做出自我评价，并以单独报告的形式发布。鼓励公司聘请审计机构就公司财务报告内部控制情况出具鉴证报告
2010-01-04	(1)上市公司应出具年度内部控制自我评价报告。内部控制自我评价报告应经董事会审议通过，公司监事会、独立董事、保荐机构（如适用）应对公司内部控制自我评价报告发表意见。(2)公司应在披露年报的同时在指定网站以单独报告的形式披露内部控制自我评价报告和会计师事务所出具的内部控制鉴证报告（如有）	企业内部控制基本规范、深圳证券交易所上市公司内部控制指引	公司应当出具内控自我评价报告，鼓励披露会计师事务所出具的内部控制鉴证报告

续表

发布时间	关于内控信息披露的规定	依据	核心要点归纳
2010 – 12 – 31	（1）上市公司应出具年度内部控制自我评价报告。内部控制自我评价报告应经董事会审议通过，公司监事会、独立董事、保荐机构（如适用）应对公司内部控制自我评价报告发表意见。（2）中小企业板和创业板公司应当至少每两年要求会计师事务所对公司与财务报告相关的内部控制有效性出具一次内部控制审计报告。（3）公司应在指定网站以单独报告的形式披露内部控制自我评价报告和会计师事务所出具的内部控制审计报告（如有）	企业内部控制基本规范、深圳证券交易所上市公司内部控制指引	强制披露内控自评报告，鼓励披露内部控制审计报告。中小企业板和创业板公司应至少每两年披露一次内部控制审计报告
2012 – 01 – 04	（1）A + H公司和内控试点公司应按《企业内部控制基本规范》的要求披露内部控制自我评价报告和会计师事务所出具的内部控制审计报告。（2）其他公司应按照中国证监会和本所有关规定出具年度内部控制自我评价报告。（3）中小企业板和创业板公司应当至少每两年要求会计师事务所对公司与财务报告相关的内部控制有效性出具一次内部控制审计报告	企业内部控制基本规范、企业内部控制配套指引	强制披露内部控制自我评价报告，除A + H公司和内控试点企业外，内部控制审计报告仍为自愿披露。中小企业板和创业板公司应至少每两年披露一次内部控制审计报告
2012/12/31	（1）A + H公司和内控试点公司及"2012通知"中所述的主板中央和地方国有控股上市公司，应披露内部控制自我评价报告和会计师事务所出具的内部控制审计报告。（2）其他上市公司应按照中国证监会和本所有关规定出具年度内部控制自我评价报告。（3）中小企业板上市公司应当对2012年度内部控制规则的落实情况进行自查，通过"深交所上市公司定期报告制作系统"编制《内部控制规则落实自查表》。上市公司应在披露年度报告的同时，将自查表、整改计划（如有）以及保荐机构出具的核查意见在指定网站披露	企业内部控制基本规范、企业内部控制配套指引和关于2012年主板上市公司分类分批实施企业内部控制规范体系的通知（财办会〔2012〕30号）	强制披露内部控制自我评价报告，除A + H公司和内控试点公司及"2012通知"要求公司外，内部控制审计报告仍为自愿披露

资料来源：深圳证券交易所网站，由作者整理而得。

所谓内部控制审计，是指会计师事务所接受委托，对特定基准日内部控制设计与运行的有效性进行审计。事实上，由审计师（会计师事务所）对内部控制有效性出具审计报告是饱受争议的（张国清，2010）。许多指责都集中于内部控制审计会使企业成本升高，而无益于提高财务报告质量。审计师也因意图借机增加自身收入而遭受严厉的批评（Munsif et al.，2011）。但从对我国沪深两市（不包括创业板）上市公司 2007—2011 年年度报告或专项报告的数据统计分析①来看，在非强制性内部控制审计阶段，仍有为数不少的上市公司自愿地聘请审计师对其内部控制有效性进行审计并获得了标准无保留意见，仅有少数公司披露了负面内部控制审计（或鉴证）意见②：其中，2007 年有 2 家，2008 年有 5 家，2009 年有 8 家，2010 年有 3 家，2011 年有 5 家。

表 1-3 列示了 2007—2011 年按照上市板块统计的自愿披露正面意见内部控制审计报告的上市公司情况，由于上市公司 IPO 当年在监管与披露政策上的特殊性，在统计中对其进行了单独列示。从沪市来看，5 年间披露家数共有 892 个，各年依次分别为 127、173、194、221 和 177 家；从深市主板来看，5 年间披露家数共有 401 个，各年依次分别为 49、52、89、93 和 118 家；从深市中小板来看，5 年间披露家数共有 994 个，各年依次分别为 59、83、239、246 和 367 家；从沪深两市整体情况来看，5 年间年报披露家数共计 2 287 个，其中，2007 年 235 家，2008 年 308 家，2009 年 522 家，2010 年 560 家，2011 年 662 家。由此可见，无论是各个板块还是整个 A 股市场，内部控制审计报告的自愿披露家数都呈现逐年上升的趋势，这与我国内部控制规范体系的逐步建立以及证监会和沪深交易所等监管部门的积极倡导和稳步推进不无关系。

---

① 在数据筛选整理过程中，不包括年报指出已经披露内部控制审计报告却无法找到的情况，也不包括在年报披露截止日（即 4 月 30 日）前上市，却披露了上一年内部控制审计报告的情况，但对于自我评估报告中明确指出会计师事务所对本公司内部控制有效性出具了正面审计意见的情况予以统计。

② 我国财政部等五部委发布的《企业内部控制审计指引》将内部控制审计意见分为 4 类：标准无保留意见、带强调事项段无保留意见、否定意见和无法表示意见。例如，2009 年，天职国际会计师事务所针对紫光古汉集团股份有限公司的《内部控制自评报告》出具的《内部控制专项报告》中发表了否定意见，认为"紫光古汉在授权审批内部控制的执行方面存在缺陷，该重大缺陷存在期间对紫光古汉编报的财务报表产生的潜在影响我们无法对其进行评估"。中审亚太会计师事务所对中水集团远洋股份有限公司的《内部控制制度自我评估报告》出具了带强调事项段的鉴证意见，认为"该公司下属子公司中水金海（北京）房地产有限公司的个别银行账户没有进行定期核对，从而造成账实不符，未达账项原因不明"。

表 1-3　上市公司自愿披露内部控制审计报告情况一览表（板块统计）

序号	年份	沪市		深市主板		中小企业板		年披露家数	
		全部	IPO	全部	IPO	全部	IPO	全部	IPO
1	2007	127	9	49	0	59	39	235	48
2	2008	173	0	52	0	83	12	308	12
3	2009	194	7	89	0	239	22	522	29
4	2010	221	12	93	0	246	87	560	99
5	2011	177	8	118	0	367	42	662	50
合计		892	36	401	0	994	202	2 287	238

注：表中统计数据均不包括披露负面内部控制审计（或鉴证）意见的上市公司。

按照证监会行业分类对自愿披露内部控制审计报告的上市公司进行整理，如表 1-4 所示，从自愿披露的绝对总量来看，制造业上市公司披露家数最多，5 年间高达 1 338 家，约占总体的 58.5%；其次为信息技术业 162 家、金融保险业 118 家和房地产业 114 家；最少的为传播和文化产业仅有 19 家。

表 1-4　上市公司自愿披露内部控制审计报告情况一览表（行业统计）

行业分类	代码	2007	2008	2009	2010	2011	合计
制造业	C	133	164	303	310	428	1 338
房地产业	J	18	18	25	25	28	114
金融保险业	I	17	20	28	32	21	118
批发零售贸易业	H	16	17	25	26	25	109
信息技术	G	13	16	37	48	48	162
农林牧渔	A	7	7	12	16	14	56
采掘业	B	6	10	13	16	17	62
水电煤生产供应	D	6	10	17	19	16	68
交通运输、仓储业	F	5	18	21	22	19	85
建筑业	E	5	6	12	15	19	57
社会服务业	K	5	10	15	18	14	62
综合类	M	3	8	9	7	10	37
传播和文化产业	L	1	4	5	6	3	19
合计		235	308	522	560	662	2 287

注：表中统计数据均不包括披露负面内部控制审计（或鉴证）意见的上市公司。

如表 1-5 所示，从自愿披露公司的产权性质的总体构成来看，5 年间自愿披露内部控制审计报告的国有上市公司共有 1 226 家，非国有上市公司共有 1 061 家，两者总量相差不大。但从各年产权占比来看，由图 1-1 可以直观观察到，2007—2010 年国有上市公司披露家数均大于非国有上市公司披露家数，但到 2011 年，非国有上市公司披露家数首次超过了国有上市公司披露家数。

表 1-5　上市公司自愿披露内部控制审计报告情况一览表（产权统计）

序号	年份	国有上市公司	非国有上市公司	年自愿披露家数
1	2007	152	83	235
2	2008	205	103	308
3	2009	278	244	522
4	2010	299	261	560
5	2011	292	370	662
合计		1 226	1 061	2 287

注：表中统计数据均不包括披露负面内部控制审计（或鉴证）意见的上市公司。

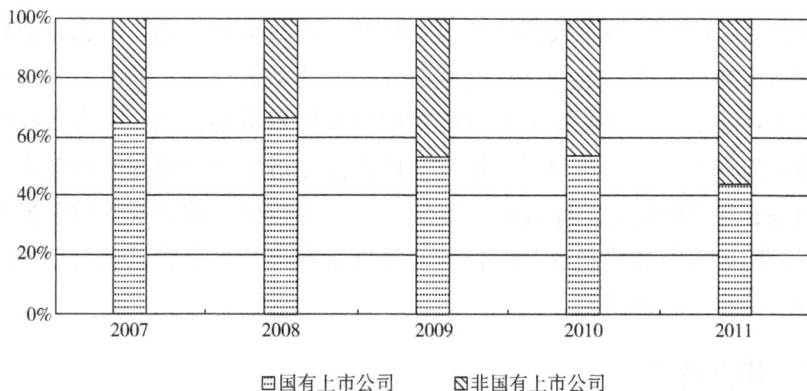

图 1-1　各年自愿披露公司的产权占比

从上述分析来看，我国自愿披露内部控制审计报告的现实情况为开展与内部控制相关的学术研究提供了新的契机，在很大程度上解决了无法获取企业内部控制数据资料的问题，也为开展基于资本市场的相关研究拓展了空间，

由此引发了一些学者对于上市公司内部控制审计报告自愿披露行为的动因和经济后果（主要是市场反应）的理论探讨和经验研究。

上市公司通过聘请审计师进行内部控制审计，从而提高公司信息透明度和可靠性的决策无疑会给公司带来额外的经济成本，但另一方面也可能会通过自愿披露的信号显示行为，弥合资本市场的信息不对称，缓解委托－代理问题，降低公司的融资成本，进而改善公司的市场绩效。考察信息披露经济后果的角度很多，其中一个十分重要的视角就是资本成本。公司的资本成本因其融资渠道的不同又可以分为权益资本成本和债务资本成本。资本成本一直是公司财务的核心概念之一。从微观层面来看，资本成本是公司进行投资项目评价与甄选、确定筹资方式等行为的基本依据，对公司的财务和业务决策起着至关重要的作用。从宏观层面来看，资本成本是资本市场发展水平和相关制度建设情况的基本考量指标，对提高资本市场资源配置效率及正确引导社会资金流向起着极为重要的作用。自愿信息披露与资本成本的关系是学界关注的热点问题，但无论是在理论层面还是在实证层面，都还存在着巨大的争议，有待于进一步的理论演绎和经验支持。

顺着这个思路考虑，内部控制审计信息的自愿披露究竟会对公司的权益资本成本和债务资本成本产生怎样的影响？二者的作用机理是否相同？如果内部控制审计信息的自愿披露能够起到降低资本成本的作用，那么在我国目前的资本市场环境下，是否存在横截面或跨期变动数据的经验支持？在我国转型经济环境下，政府在社会资源配置中仍发挥着重要作用，又通过控股国企转身成为资本市场的参与者。那么，理解债务市场上的契约结构就必须考虑我国特有的产权制度，即我国上市公司"天生禀赋"的产权性质差异是否会影响自愿披露内部控制审计报告的信号显示效果？本书尝试为上述问题提供理论支持和经验证据。

1.1.2 研究意义

从实践意义来看，内部控制作为一项内部治理机制，其重要性日渐突显，成为当前炙手可热的世界性议题。外部审计和信息披露机制作为公司治理结构的重要组成部分，在资本市场发挥着重要的作用。内部控制审计及其信息披露作为内外治理机制的有机融合，被视为保障资本市场有效运行、提振投资者信心和保护相关者利益的一剂良药。尽管政府监管部门和政策制定者一

直倡导内部控制审计的重大价值，但正如前文述及内部控制审计的实施与否仍饱受争议，在我国现阶段的制度环境下，从资本成本视角考察内部控制审计及其自愿披露的经济后果，对于动态跟踪和实证评价我国有关内部控制的制度规范及其执行效果、推动监管机关进一步完善相关政策的制定、规范内部控制信息披露、加强资本市场的监管以及保护外部相关者利益，具有非常大的现实意义。

从理论价值来看，考虑到不同市场参与者获取信息和防范信息风险的能力存在差异，本书期望继承、融合自愿披露与资本成本相关研究的经典理论，从股票市场、公司债券市场和银行信贷市场出发，分别考察上市公司自愿披露内部控制审计报告对其不同融资来源资本成本的影响。与既有研究不同的是，本书基于信息经济学和契约经济学的相关理论，在深入探究和实证检验我国上市公司自愿披露内部控制审计报告在资本市场上发挥信号显示作用的基础上，还将其嵌入我国特殊的制度背景下，考察产权性质差异对在债务契约中这一信号显示功能效果的可能影响。因此，本书的研究有利于拓展公司自愿信息披露的经济后果、内部控制质量市场反应等方面的理论，在积累基于中国制度背景的相关经验证据方面，也具有突出的理论价值。

1.2   主要相关概念的界定

1.2.1   内部控制审计

1）内部控制

美国注册会计师协会（AICPA）于1949年最早给出了内部控制的权威性定义："内部控制是指企业为了保护资产安全，检查财务数据准确，提高经营效率，促进企业实现既定目标而建立和设计的所有相互协调的方法和措施。"1992年，Treadway委员会（反欺诈财务报告全国委员会）下属发起人委员会（简称COSO委员会）将内部控制定义为："企业董事会、管理层及其他人员为实现运营效益、财务可靠性和遵守适用法律法规目标提供合理保证而实施的程序。"2008年，我国财政部等五部委联合发布的《企业内部控制基本规范》中的第三条明确指出了内部控制的内涵，即内部控制是由企业董事会、监事会、经理层和全体员工实施的、旨在实现控制目标的过程。这一定义首

先强调了企业领导层尤其是董事会、监事会和经理层在建立与实施内部控制中的重要作用；其次，明确了内部控制是全体员工的共同责任，强化全员积极主动参与内部控制的建立与实施，培养风险意识和主人翁精神；最后，指出内部控制是一个对企业生产经营过程和实现企业发展目标过程进行综合控制且不断完善优化的过程。依据这一定义，内部控制的目标可以概括为合理保证企业经营合法合规、资产安全、财务报告及相关信息真实可靠，提高经营效率和效果，促进企业实现发展战略等五大方面。

对于内部控制的要素构成，不同国家的不同组织也给出了不同的认识和观点。1958 年 10 月，美国会计师协会下属审计程序委员会发布的《审计程序公告第 29 号》将内部控制分为管理控制和会计控制两部分；1988 年，美国会计师协会发布了《审计准则公告第 55 号》，按照"三分法"将内部控制划分为控制环境、会计系统和控制程序三部分；1992 年，COSO 委员会发布了《内部控制——整合框架》（简称 COSO 报告），认为内部控制应该由控制环境（control environment）、风险评估（risk assessment）、控制活动（control activity）、信息与沟通（information and communication）和监察（monitoring）五大要素构成，这为内部控制评价提供了一个可行适用的分析框架；1994 年，英国 Cadbury 报告认可了 COSO 报告的五要素构成，并扩充了其风险评估的种类，重新命名为"风险与控制目标的识别与评估"，将"监察"扩展为"监控与修正活动"；加拿大的控制框架标准（COCO）采用完全不同的控制要素的分类方法，在目标、承诺、能力以及监控与学习 4 个控制类别下共设置了 20 个控制子要素；2004 年，安然事件的爆发促使美国 COSO 委员会制定了《企业风险管理——整合框架》，出于全面风险管理的考虑，在前述内部控制"五要素"的基础之上，将风险评估进一步拆分细化为目标设定、事项识别、风险评估和风险应对，从而形成内部控制的"八要素"架构。[1]尽管如此，美国上市公司按照 SOX 法案 404 条款要求进行财务报告内部控制管理层评价和注册会计师审计时，仍依据 COSO 报告的五要素进行评价和审计。2008 年，我国《企业内部控制基本规范》依据我国的具体国情，也承沿了五要素的构成，并将"八要素"吸收融入其中。

---

① 美国管理会计协会. 财务报告内部控制与风险管理［M］. 张先治，袁克利，译. 大连：东北财经大学出版社，2008.

2）内部控制审计

2002 年，SOX 法案的第 404 条（b）款规定："审计上市公司的财务报表并且发表审计意见的每个会计师事务所都应当对上市公司管理层进行的评估进行证实和报告。"美国将这一规定具体解释为外部审计师应当提交包含三方面内容的意见，即对财务报表的审计意见、对上市公司公司管理层评估和报告财务报告内部控制（ICoFR）时使用程序的意见，以及对 ICoFR 有效性发表的意见，从而确立了财务报告和内部控制整合审计的模式。这一法案条款明确规定了管理层和外部审计师在向美国证券监管委员会（SEC）定期提交的文件中评估和公开报告公司是否拥有针对财务报告的有效内部控制系统，且只要有一条重大控制缺陷，上市公司和外部审计师就不能说该公司拥有针对财务报告的有效内部控制。

该条款自诞生之日起就引发了监管机构、上市公司利益集团、审计师和投资者等社会各界的广泛争议。美国证监会不得不一再推迟内部控制审计要求的生效时间。结果是，直至 2006 年 3 月 15 日，只有大中型公司（加速申报公司，accelerated filers）开始履行第 404 条的要求。小型公司（非加速申报公司，non–accelerated filers）直到 2007 年 7 月 15 日才提交它们的第一份管理层对内部控制的认证。外国私营大中型和小型公众公司的执行日期分别是 2006 年 7 月 15 日和 2007 年 7 月 15 日。

美国的做法迅速引起世界各国对于内部控制的高度重视，从而掀起了加快内部控制建设和监管实施的浪潮。2010 年 4 月，在借鉴国际经验并结合我国国情的基础上，财政部等五部委联合发布了《企业内部控制审计指引》，进一步阐明了内部控制审计的内涵和整合审计具体执行等问题。所谓内部控制审计，是指会计师事务所接受委托，对特定基准日（如年末 12 月 31 日）内部控制设计与运行的有效性进行审计①。注册会计师的责任是在实施审计工作的基础上，获取充分、适当的证据，对内部控制的有效性发表意见并提供合理保证。该指引还指出，注册会计师在内部控制审计过程中应注意到企业非财务报告内部控制的重大缺陷，在内部控制审计报告中增加"非财务报告内部控制重大缺陷描述段"予以披露，以提示投资者、债权人和其他利益相关者关注。这意味着，企业内部控制审计业务由原来的一次性或面向少数企业

---

① 财政部会计司. 企业内部控制规范讲解 2010［M］. 北京：经济科学出版社，2010.

的业务，转变为与财务报告审计一样的经常性业务，每年需执行一次。

1.2.2 信息披露

信息对于资本市场至关重要。它引导价格的形成，并通过价格引导资源配置。信息披露制度，也称为公开披露或公告制度，既包括首次公开发行（IPO）前的披露，也包括上市后的持续信息公开，是资本市场赖以生存的基本保证。上市公司的信息披露机制按照是否经政府相关法律法规或职能部门的管制，分为强制性披露（mandatory disclosure）和自愿性披露（voluntary disclosure）。所谓强制性信息披露是指一国法律法规等明确规定公司必须进行的信息披露行为，而自愿性信息披露则是指强制性披露以外的自主选择信息披露行为，目的是提供那些与信息使用者决策相关的公司财务或非财务信息等，以保障广大利益相关者的合法权益，并接受社会公众的广泛监督。从发展历程来看，上市公司信息披露制度经历了由自愿性信息披露到强制性信息披露，再到自愿性和强制性信息披露相结合的发展过程。随着信息技术的发展和信息时代的到来，各个国家都越来越重视自愿性信息披露制度的发展和完善。

信息披露相关问题的研究最早可以追溯到 20 世纪 60 年代，时至今日，仍然是一个经久不衰的热点话题。公司信息披露的媒介主要包括年报披露、网络公告、新闻媒介和电话会议等（Frankel et al.，1999）。关于信息披露与资本成本的研究主要是从自愿披露和披露水平（质量）两方面展开的。自愿披露文献主要研究企业的内源信息披露决策及信息披露类型产生的经济后果（Verrecchia，1983；Dye，1985）。一些分析式研究认为，自愿披露与资本成本之间负向相关，很多监管机构也断定这一负向关系的成立，以鼓励企业积极进行自愿披露。例如，2001 年，美国财务会计准则委员会（FASB）在其一份名为 "Insights into Enhancing Voluntary Disclosures" 的专项报告中指出："企业的资本成本中包含投资者对于企业信息是否充分和精确的不确定性所要求的溢价。举一个极端的例子，如果企业什么都不披露，那么其资本成本将会非常昂贵。信息披露有助于投资者解读企业的经济前景，从而降低企业的资本成本。"针对信息披露与资本成本关系进行的理论探讨和经验研究，本书将在第二章文献回顾部分进行详细梳理。

1.2.3 资本成本

1）资本成本的内涵

从经济学意义上讲，资本（capital）是指所有者投入生产经营中的能产生效益的资金。在市场经济环境下，资金的使用权与所有权往往是相互分离的，企业为了获得资金的使用权用来组织生产经营，必须支付给资金所有者一定的费用。从财务学意义上看，资本是指使用期限在一年以上的资金，即列示在资本负债表右方的长期负债①和所有者权益（刘淑莲，2012）。基于此，资本成本被定义为："企业为筹集和使用资本而付出的代价，主要包括资金筹集费用和资金占用费用两部分。"这也是我国大部分财务管理或公司理财教材通常采用的概念。然而，这个概念并未抓住资本成本的本质。

《新帕尔格雷夫货币金融大辞典》将资本成本定义为经营性资产投资者所要求获得的预期必要收益率（required rate of return），换言之，资本成本是企业利用资本市场筹集资本时，市场投资者（股东和债权人）所要求的期望报酬率②。因此，资本成本不是由公司自己决定的，而是由市场"发现"的，是投资者的期望报酬率。理论上的资本成本是一种不能被直接观察的事前资本成本（ex ante cost of capital）。由于资产定价理论中的预期收益概念直接度量的是资产的事前收益而不是已实现的事后收益，且事前资本成本能够较好地控制企业现金流和捕捉潜在成长性，能更好地度量预期的收益，因此预期收益率能更好地度量资本成本。从投资者角度分析，公司使用资本之所以要付出代价，是因为如果股东和债权人将资本投入某一特定公司就放弃了其他投资机会，公司至少要补偿投资者放弃其他投资所获得的收益。不仅如此，公司运用投资者的资本进行产业投资是有风险的，投资者要求必须按承担的风险的大小获得风险补偿。因此，从风险的角度研究投资者要求的最低收益率而不是使用资本付出的代价，才能够真正反映资本成本的本质特征。

随着财务理论与实务研究的不断深入，国内学者对资本成本的认识也越来越深刻，著名财务学者刘淑莲教授就曾在其著作中指出，"从融资者使用资

---

① 由于流动负债使用期限在 1 年以下，可将其从资产负债表右方移入左方，与流动资产合并后构成"营运资本"。

② 纽曼，米尔盖特，伊特韦尔. 新帕尔格雷夫货币金融大辞典 [M]. 第 1 卷. 胡坚，等，译. 北京：经济科学出版社，2000：470.

本付出代价到投资者投入资本要求的收益率研究资本成本，不仅反映了两种理念的变化和进步，也为正确定义资本成本、运用资本成本进行投融资决策提供了依据"。

2）资本成本的分类

学术界和实务界通常按照决策用途将资本成本划分为个别资本成本、加权平均资本成本和边际资本成本：

（1）个别资本成本（individual cost of capital）。企业资产负债表右边项目包括的各种类型的债务、优先股和普通权益，被称为资本要素（capital components）。要增加资产总额就必须增加一项或几项资本要素的筹资额。每一个要素的成本称为该项特定资本的要素成本。个别资本成本，也称为资本要素成本（capital component cost），是指企业采用某种单一筹资方式的资本成本，具体包括长期借款成本、长期债券成本、优先股成本、普通股成本和留存收益成本等，其中，前两项称为债务资本成本，后三项称为权益资本成本。债务和优先股都是显性的契约责任，契约明确地规定了其资本成本，而普通股没有明确可比的资本成本，这就使得权益资本成本相对难以计量。不同的筹资方式所取得资本的成本是不同的，企业在选择筹资方式时，需要使用个别资本成本来对各种筹资方式进行比较和评价。因此，个别资本成本是确定融资方式和进行资本预算决策的主要依据。

（2）加权平均资本成本（weighted average cost of capital，WACC）。加权平均资本成本，是指个别资本成本分别乘以各种资本要素在企业总资本中所占的权重，然后相加求和测算出来的资本成本，即对各种个别资本成本进行加权平均而得到的结果。企业可以利用加权平均资本成本进行筹资组合的资本结构决策。因此，加权平均资本成本是进行企业资本结构决策的主要依据。

（3）边际资本成本（marginal cost of capital）。边际资本成本是指企业追加筹资时，每新增加 1 个单位量的资本所需要负担的资本成本。企业在追加筹资方案的选择中，通常需要运用边际资本成本来进行决策。因此，边际资本成本是进行追加融资结构决策的主要依据。

出于研究目的的考虑，本书将立足于投资者（股东和债权人）所要求的预期必要收益率界定资本成本，分别从权益资本成本、债券资本成本和长期借款资本成本 3 个资本要素维度来考察自愿性内部控制审计披露的经济后果，具体的个别资本成本测算方法详见后文实证检验部分各章的研究设计。

1.3 研究目标和研究内容

1.3.1 研究目标

通过对国内外内部控制审计、自愿性披露与资本成本等相关研究文献进行比较全面和系统的梳理，找出已有研究中存在的问题和不足，将这些问题和不足作为研究方向，力求从理论和应用上加以解决和检验，这正是本书研究的方向和动力。一方面，如前所述，资本通常是指使用期限在 1 年以上的资金，从公司的资产负债表来看，主要是指列报在其右方的长期负债和所有者权益；另一方面，在资本市场上，不同的市场参与者获取信息和防范信息风险的能力存在差异。作为两种不同性质的投资者，股东和债权人获取信息的能力不同，其防范信息风险采取的手段不一，对公司治理机制的关注与依赖程度也就不同（蒋琰，2009）。因此，根据我国上市公司的融资结构，本书将研究视角定位于我国的股票市场、公司债市场和银行信贷市场，分别检验自愿性内部控制审计披露对上市公司在不同市场上资本成本的影响及其差异。具体来说，本书拟通过研究主要实现以下 4 个方面的目标：

目标一，本书将立足于中国的制度环境，结合我国内部控制监管和披露政策的变迁，综合运用审计学、财务学和经济学相关理论透彻分析自愿披露内部控制审计信息影响公司资本成本的作用机理。

目标二，针对权益资本成本，本书将以沪深 A 股主板上市公司为研究样本，依据理论分析，借鉴现有权益资本成本相关研究成果，建立计量经济模型，实证检验内部控制审计信息的自愿披露对权益资本成本的影响。

目标三，针对债务资本成本，本书将分别以在公开债务市场和私有债务市场上融资的上市公司为研究样本，在控制其他影响公司债定价和长期银行借款利率厘定的影响因素的基础上，分别建立计量经济模型，实证检验内部控制审计信息的自愿披露对债务资本成本的影响。

目标四，通过上述的理论分析和实证检验，预期为推动监管机关进一步完善相关政策的制定和规范内部控制信息披露提出切实可行的政策建议，并指出未来的研究方向。

1.3.2 研究内容

根据上述目标定位，本书主要设计了以下 8 个部分的内容：

第 1 章：绪论。作为开篇，本部分首先立足于中国特有的制度环境，简要梳理了我国内部控制信息披露监管规则的变迁，通过手工整理和统计描述 2007—2011 年沪深 A 股上市公司年度报告或独立公告中披露的内部控制审计信息，对我国内部控制审计现状加以分析，为后续章节开展实证检验提供了现实依据与基本数据；其次在交代上述研究背景的基础之上，阐明本书研究的理论价值与现实意义；再次对本书涉及的主要相关概念进行了界定，并在明确具体研究目标的基础之上指出具体的研究内容，随后分别介绍了采用的技术路线与研究方法；最后思考了本书可能的几点创新。

第 2 章：文献回顾与述评。本部分首先从信息披露与资本成本研究入手，梳理国内外关于自愿披露与资本成本两者关系的文献，厘清国内外关于自愿披露与资本成本间关系的主流观点和经验证据；而后较为系统地回顾了国内外有关内部控制及其披露的经济后果方面的研究，明确有关内部控制及其披露可能产生的经济后果以及现有文献的研究重点；为了突出本书的研究主题，最后着重对围绕内部控制信息披露与资本成本间关系探讨的文献进行了回顾，主要包括内部控制缺陷与资本成本以及内部控制审计信息的自愿披露与资本成本两方面的研究文献。在全面和系统地梳理国内外现有文献的基础之上，本部分归纳和总结出现有的相关文献存在的问题和不足，并确定本书的研究方向。

第 3 章：理论基础与机理分析。本部分运用契约经济学和信息经济学的经典理论，从契约理论、委托 – 代理理论、信息不对称理论和信号显示理论出发，深入分析内部控制审计信息的自愿披露影响资本成本的作用机理。

第 4 章：自愿性内部控制审计披露与权益资本成本：主板市场经验证据。本部分以沪深 A 股主板上市公司为研究对象，基于理论分析构建计量经济模型，利用万得（Wind）数据库中的财务分析师每股盈余预测数据，运用 Easton（2004）的 PEG 模型度量上市公司的事前权益资本成本，检验内部控制审计信息的自愿披露对权益资本成本的经济影响。

第 5 章：自愿性内部控制审计披露与债券融资成本：一级市场经验证据。本部分立足于我国公司债券一级市场，以信用利差度量公司债发行成本，以自愿披露正面意见的内部控制审计报告度量信息质量，考察自愿披露内部控

制审计报告对我国公司债券初始定价的影响。

第6章：自愿性内部控制审计披露与债券融资成本：二级市场经验证据。本部分将上市公司自愿披露内部控制审计报告作为考察事项，选取自愿披露内部控制审计报告前后 ［-30，-3］和 ［3，30］期间信用利差均值度量信息披露前后公司债二级市场的融资成本，并采用纵向变动模型（change model）设计和多元线性回归分析（OLS）方法来检验上市公司公开交易的债券融资成本是否会因上市公司自愿披露正面内部控制审计报告而显著降低。

第7章：自愿性内部控制审计披露与银行借款成本：深市A股经验证据。本部分通过手工收集和整理2007—2010年我国深市A股（不包括创业板）上市公司年度财务报表附注中披露的银行长期借款详细信息，采用加权平均长期借款年利率作为银行借款成本的代理变量，深入考察了自愿披露内部控制审计信息对银行贷款定价决策的影响。

值得说明的是，上述第5章、第6章和第7章实际上是从不同债务融资渠道对债务资本成本展开的研究，将针对我国公开债务市场发行的公司债券和私有债务市场的银行借款分别构建计量经济模型，检验自愿披露内部控制审计信息对债务资本成本的影响。与此同时，考虑到我国债务契约往往内生于制度环境，在对这三章基本研究假设进行验证的基础之上，还将从上市公司产权差异对自愿披露内部控制审计信息的信号显示功效产生的可能影响进行探讨。

第8章：研究结论、政策建议与未来展望。本部分将根据理论分析和实证检验的结果总结归纳内部控制审计信息的自愿披露对资本成本的作用与影响。同时，依据研究结论对内部控制信息披露与监管等方面提出相应的政策建议，在分析本书研究不足的基础之上指明未来研究的方向。

1.4 研究思路和研究方法

1.4.1 研究思路

基于我国内部控制信息披露的监管环境及内部控制审计报告自愿披露的现状分析，本书将从资本成本的视角深入探讨和实证考察上市公司自愿披露内部控制审计报告的经济后果。在提出问题之后，全文将按照研究基础－机理分析－实证检验－研究结论4个部分逐层推进，具体的研究逻辑框架如图1－2所示：

提
出
问
题

研
究
基
础

机
理
分
析

实
证
检
验

研
究
结
论

```
                        ┌──────────────┐
                        │    绪论       │
                        └──────────────┘
          ┌──────────────────┼──────────────────┐
  ┌──────────────┐   ┌──────────────┐   ┌──────────────┐
  │ 选题背景与意义 │   │ 研究目标与内容 │   │ 研究思路与方法 │
  └──────────────┘   └──────────────┘   └──────────────┘

                    ┌──────────────┐
                    │ 文献回顾与述评 │
                    └──────────────┘
        ┌──────────────────┼──────────────────┐
  ┌──────────────┐   ┌──────────────┐   ┌──────────────┐
  │ 信息披露与    │   │ 内部控制及其披露的│ │ 内部控制信息披露与│
  │ 资本成本      │   │ 经济后果      │   │ 资本成本      │
  └──────────────┘   └──────────────┘   └──────────────┘

                    ┌──────────────┐
                    │   理论基础    │
                    └──────────────┘
     ┌───────────┬────────┼────────┬───────────┐
 ┌────────┐ ┌────────┐ ┌────────┐ ┌────────┐
 │委托-代理 │ │信息不对称│ │信号显示 │ │契约理论 │
 └────────┘ └────────┘ └────────┘ └────────┘

  ┌──────────────────────────────────────────┐
  │ 自愿披露内部控制审计影响资本成本的作用机理      │
  └──────────────────────────────────────────┘

         ┌──────────────────────────┐
         │ 内部控制审计信息的自愿披露   │
         └──────────────────────────┘
        ┌──────────┴─────────────┐
  ┌────────────┐          ┌────────────┐
  │ 权益资本成本 │          │ 债务资本成本 │
  └────────────┘          └────────────┘
```

直
接
融
资

```
  ┌────┐   ┌──────────┐        ┌────┐
  │沪深A│   │ 公开债务市场 │       │私有 │
  │股市场│  └──────────┘        │债务 │
  └────┘   ┌────┐  ┌────┐      │市场 │
           │一级 │  │二级 │      └────┘
           │市场 │  │市场 │
           └────┘  └────┘
```

  ┌──────────────────────────┐
  │ 研究结论、政策建议   │
  │ 研究不足与未来展望   │
  └──────────────────────────┘

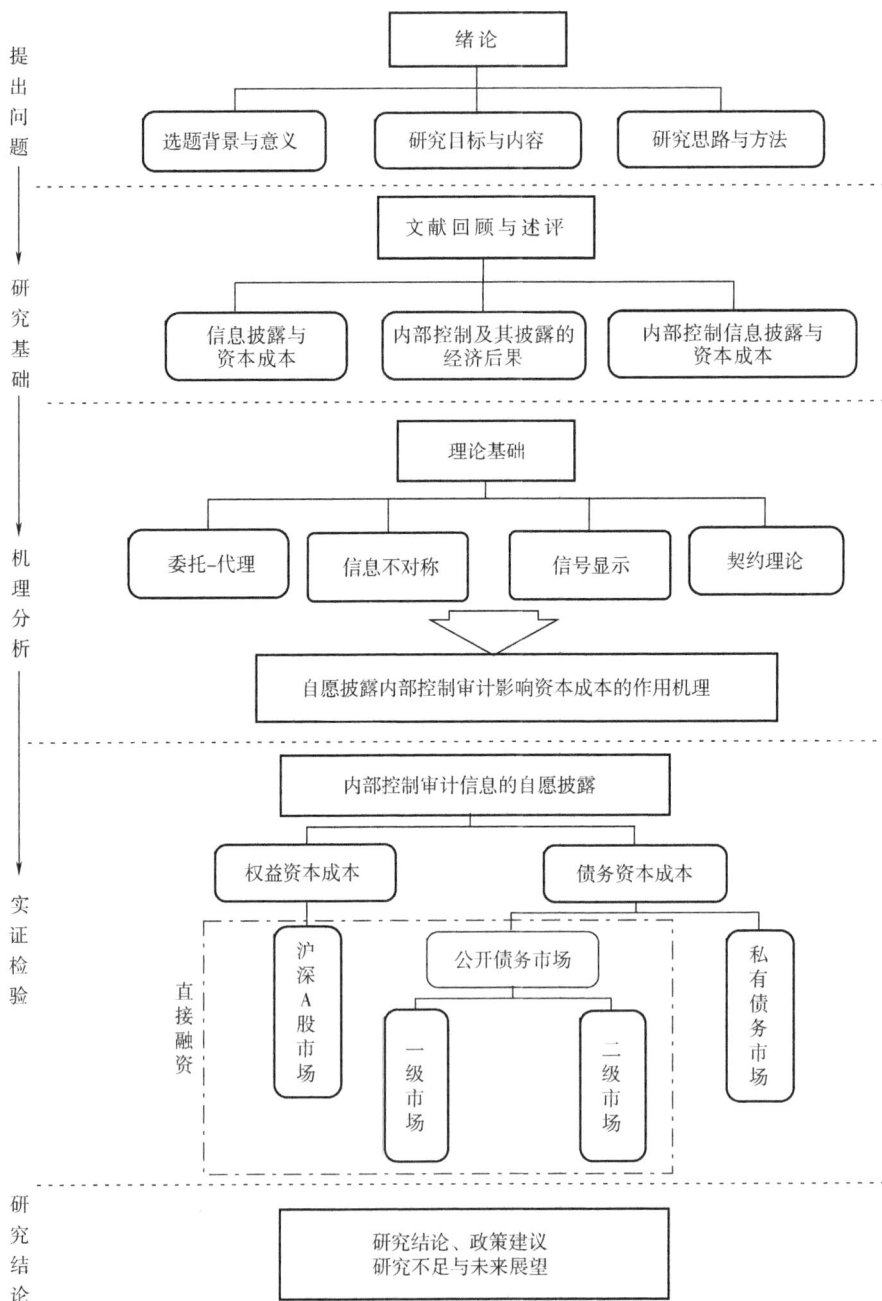

图 1 - 2　本书研究的逻辑思路

在研究基础部分中，主要通过对国内外有关信息披露与资本成本关系的研究文献进行回归和梳理，分析现有研究存在的争论或不足，总结提炼主流观点和共识，从而寻找本研究的努力方向。

在机理分析部分中，根据研究主题涉猎的学科领域，通过对信号显示理论等现有经典理论的分析和归纳，深入剖析上市公司内部控制审计报告的自愿披露对其资本成本产生的可能影响及其内在的作用机理。

在实证检验部分中，根据我国上市公司的融资现状，立足于股票市场、公司债市场和银行信贷市场，分别提出具体的研究假设，考察内部控制审计报告的自愿披露对上市公司资本成本的影响，并借助敏感性分析验证研究结论的稳健性。

最后，在研究结论的基础之上，提出具体的政策建议，并指明研究不足与未来展望。

1.4.2 研究方法

本书将采用规范研究和实证研究相结合的方法，在规范分析内部控制审计信息的自愿披露如何影响资本成本的基础上，采用实证研究方法对这一作用机理进行检验，以提出行之有效的政策建议。针对本书的研究目标和研究内容，在研究中拟使用以下研究方法：

（1）现实背景分析部分：在对我国资本市场内部控制监管和披露制度脉络整理的基础之上，手工整理沪深两市披露的年报或公告，采用内容分析法找出上市公司的内部控制审计信息的一手资料，并运用描述性统计和趋势分析方法予以呈现。

（2）文献综述部分：主要采用严谨科学的文献检索和搜集方法，对涉及自愿披露、内部控制审计和资本成本研究的文献按照相关主题进行梳理。

（3）机理分析部分：以契约经济学和信息经济学经典理论为基础，主要采用逻辑分析方法深入剖析内部控制审计信息的自愿披露对资本成本的作用机理。

（4）实证检验部分：本书区分上市公司的融资渠道，针对权益资本市场和债务资本市场，分别检验内部控制审计信息的自愿披露对上市公司权益资本成本和债务资本成本的影响，根据理论分析，借鉴现有研究，建立计量经

济模型，将具体采用描述性统计、组间差异比较、相关分析、单变量分析和多元回归分析等实证检验方法。在计量经济学方法运用中，考虑到自愿披露与资本成本间可能存在的自选择问题，笔者分别采用滞后一期和差分模型的技术方法，能够较好地克服可能存在的自选择问题。

1.5　本书的主要创新之处

在借鉴现有研究成果的基础之上，本研究预期可能的学术贡献有：

第一，立足于我国沪深 A 股主板市场，与现有研究采用已实现报酬率测算权益资本成本的方法不同，本书运用财务分析师盈余预测数据和 Easton（2004）的 PEG 模型测算事前权益资本成本，检验在我国资本市场信息披露环境下，上市公司自愿披露内部控制审计信息如何影响权益资本成本。上述研究视角和方法，一方面为证实我国财务分析师盈利预测有用性提供了经验证据，另一方面也从研究内容和方法上丰富和拓展了现有的相关研究。

第二，基于我国上市公司债务融资的现状，考虑到不同债权人在信息搜集和处理能力等方面存在的差异，本书将债务资本市场进一步细分为公开债务市场（即交易所间公司债市场）和私有债务市场（即银行信贷市场）两部分，针对我国公开债务市场发行的公司债和私有债务市场的银行借款分别构建计量经济模型，检验内部控制审计信息的自愿披露如何影响债务资本成本。由于契约结构内生于制度约束，在我国转型经济环境下，政府在社会资源配置中仍发挥着重要作用，又通过控股国企转身成为资本市场的参与者。因此，本书将上述关系嵌入我国特有的产权制度环境，进一步考察产权性质对内部控制审计报告信号显示行为效果的影响，具有重要的现实意义。

第三，《公司债券发行试点办法》于 2007 年正式发布，标志着我国公司债券市场的正式启航。公司债券市场的发展，有利于上市公司拓展融资渠道、降低依赖银行贷款带来的财务风险，对发挥市场在社会资源分配中的决定性作用做出了积极的贡献。大力发展公司债券是当前金融改革的热点问题，提高公司债券融资在直接融资中的比重是我国债券市场发展的一项战略目标。目前，国内对公司债的相关研究还处于起步阶段，仍以定性分析为主，缺乏

定量研究，更鲜有运用大样本实证检验研究公司债券一级市场和二级市场的定价问题。本书针对我国公司债券市场展开的理论分析和实证检验，有利于丰富有关公司债券研究的文献，拓展我国公司债券定价的相关理论，积累基于中国制度背景的相关经验证据。

2

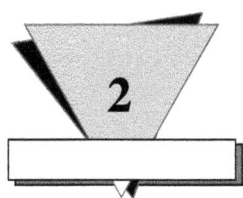

文献回顾与述评

近年来，国内外关于信息披露与资本成本以及围绕内部控制展开的相关研究已经获得了丰硕的成果。根据研究主题和研究目标的需要，本章将围绕信息披露与资本成本、内部控制及其披露的经济后果以及内部控制信息披露与资本成本3个方面进行文献回顾与脉络梳理，在探寻内部控制审计信息的自愿披露与资本成本研究发展的基础上，通过了解相关领域的研究现状，发现存在的问题或不足，锁定本书研究视角的理论价值与学术贡献，从而为后续章节的理论分析与经验研究打下基础。

2.1 信息披露与资本成本

从财务会计的视角来看，公司披露的信息无外乎划分为财务信息与非财务信息两大类。下面，就对能够明确区分财务信息和非财务信息的文献分别回顾信息披露对资本成本的影响。

2.1.1 财务信息的自愿披露与资本成本

早期的研究多集中于财务信息的自愿性披露，包括年度报告、管理层盈余预测和现金流预测等。企业自愿披露可靠的前瞻性信息（如财务状况、销售收入增长预期和竞争能力等）被普遍认为会有利于市场参与者制定其投资决策（Langberg and Sivaramakrishnan，2010）。因为世界各地的投资者都需要更具体、更及时的信息，无论是在高度发达的国家还是在新兴市场国家，自愿披露水平都在提高。Marquardt & Wiedman（1998）采用两阶段最大似然估计法研究发现，管理层股权出售和自愿性披露间成正相关关系，而管理层股票出售与信息不对称的两个代理变量成显著负向相关关系。这说明当降低信息不对称会带来资本成本的降低时，管理人员往往会选择自愿披露。

公司的股票增发活动也引起了一些学者的关注，展开了围绕股票增发（SEO）的披露活动及其与股票价格间关系的研究。Lang & Lundholm（2000）注意到在增发上市前6个月，发行公司大幅增加了它们的披露活动，尤其是自愿性的披露行为，研究发现这些披露行为降低了信息不对称，并起到"股票炒作"的目的，进而影响了股票的初始定价，有效地降低了其权益发行的成本。Wasley & Wu（2006）研究了管理层自愿披露现金流量预测的经济后果，研究发现管理层发布现金流预测向市场传递了好消息，能够满足广大投

资者对现金流信息的需求，并且由于提前给出了现金流或应计的具体盈余构成，因而降低了盈余管理的自由度，进一步降低企业融资成本。

信息不对称会增加公司的融资成本，当公司内部人拥有的私有信息比例越高时，投资者将会要求更高的资本回报（Easley et al. , 2004；Armstrong et al. , 2011）。Gietzmann & Ireland（2005）基于英国上市公司的财务数据，仅在具有激进会计行为的公司中，发现了自愿信息披露与资本成本之间的负向关系。Bertomeu 等（2008）关注投资者间的信息不对称，研究公司自愿披露能否降低金融市场中的信息不对称，进而获得低融资成本。他们发现，披露更多发生在信息摩擦较少的环境中。Kim 等（2011）以 1987—2002 年间韩国非公开上市的股份公司为研究样本，检验了自愿财务报表审计对债务资本成本的影响。研究发现，与未进行自愿审计的公司相比，披露自愿审计的非上市公司的银行借款利率显著较低，而仅针对自愿审计公司样本的进一步研究发现，聘请国际四大审计师并没有带来显著更低的借款利率成本的下降；针对首次披露自愿审计的公司样本进一步考察自愿审计前后民营企业的借款利率的差额变动情况，发现首次自愿审计会带来借款利率的显著降低。

管理层盈余预测是管理人员增加广大投资者对公司绩效了解的一种重要方式。早期学者对不同形式和期间的公司自愿披露管理层盈余预测的信息含量进行研究。一项调查研究表明，超过 90% 的公司高管人员认为具有前瞻性的盈余预测信息能有助于降低信息风险和资本成本（Graham et al. , 2005）。然而，有关管理层盈余预测和资本成本间关系的经验研究却没有给出一致的结论。Patell（1976）通过对 1963 年到 1967 年间盈余预测信息披露后的股价变动分析发现，盈余预测信息披露伴随着显著的股票价格调整。管理层盈余预测的自愿披露，往往与上市公司的股权再融资内幕交易有关。Clement 等（2003）进一步确认管理层预测是管理层增强未来盈余市场预期的自愿性披露行为，这类自愿性披露会影响股票价格和分析师预测的准确度，其研究表明证实性的管理层盈余预测与资本成本间存在负向相关关系，而 Francis 等（2008）却认为相对于其他自愿披露方式而言，以管理层盈余预测度量的自愿披露会增加资本成本。Kothari 等（2009）指出自愿披露的信息含量会影响资本成本，他们对来自管理层、财务分析师和商业报道的信息披露进行了内容分析（content analyze）。研究表明披露与资本成本间存在一定的定向连结，即"利好"披露会减少投资者的不确定性，进而降低公司的资本成本；而"利

空"披露则会增加投资者的不确定性和公司的资本成本，这种现象更多发生在相对可靠的商业报道的信息披露之中。管理层盈余预测的信息含量往往因预测性质（如盈余消息的利好还是利空）、预测形式（如时点、范围、开放性或者定性）和发布预测管理层的可信性的不同而有所差异（Hirst 等，2008）。Kim & Shi（2011）以 2003—2005 年间美国上市公司为研究对象，首次检验了管理层自愿盈余预测对权益资本成本产生的定向效应（directional effect），即管理层自愿盈余预测对社会公众而言是"好消息"还是"坏消息"，可能引发不同的经济后果。研究发现，在管理层自愿披露盈余预测后的一个月内，盈余"坏消息"的预测会引起权益资本成本的显著增加，而同期"好消息"的预测却没有引起权益资本成本的显著变化。

2.1.2　非财务信息的自愿披露与资本成本

随着科学技术的进步和信息通讯的发展，各国政府和监管部门越来越重视资本市场信息披露制度的建设，一系列财务信息强制性披露规定的出台和投资者日益增长的非财务信息需求的增加，使得资本市场的广大参与者越来越关注公司非财务信息的自愿披露，学术界的研究也随之转向了公司对非财务信息自愿披露的问题上。

早在 1978 年，Ingram 就研究了企业社会责任自愿披露的信息含量及其对投资者决策和金融市场反应的影响。这一研究是以有效资本市场假说为前提的，运用资本资产定价模型（CAPM）发现，自愿性社会责任信息披露与权益资本成本间存在显著的负向关系。后续的研究还深入地探讨了两者间的内在作用机理。企业社会责任（如环境保护）报告的自愿披露可以向政府和投资者等利益相关人发送信号，从而影响他们对企业的认识和估值，为投资者决策提供增量信息并会对金融市场产生影响（乔引花、张淑惠，2009）。社会责任绩效好的发起公司会吸引机构投资者和分析师积极预测，且这些分析师预测的绝对误差较低，从而使企业获得较低的权益融资成本。Dhaliwal 等（2011）研究发现，以前年度权益资本成本高的公司在当年倾向于发起社会责任活动的自愿披露，社会责任绩效好的发起公司会吸引热情的机构投资者和分析师预测，且这些分析师的绝对预测误差和偏离较低，从而这些公司也获得了权益资本成本的降低。在首次披露企业社会责任活动之后，披露公司比未披露公司更可能采用权益融资。在权益融资的公司中，披露公司比未披露

公司能获得更大的融资金额。

在资本市场上，财务分析师对公司的评级是资本市场参与者判断公司违约风险、信用水平和进行投资决策的重要依据。那么，公司能否通过扩大分析师评级的自愿披露而从中获得好处？ Healy 等（1999）研究发现，增加评级披露往往会伴随着公司股票价格上涨、机构投资者持股、分析师跟进和股票流动性增强等经济后果，这说明投资者会给予公司正面的自愿披露行为以定价。Leone 等（2007）以公司权益证券首次公开发行作为资本市场环境，实证研究内源信息披露的经济后果，特别是检验了拟募集资金用途披露和 IPO 首日折价间的关系。研究发现，增加这类披露会降低 IPO 折价，表明提供资金用途的披露减少了事前不确定性，有助于投资者估计二级市场价值的变动。该文的贡献在于说明自愿信息披露与筹集初始权益资本的成本（也就是 IPO 折价）之间的关系。

2.1.3 披露水平（质量）与资本成本

除了明确说明某一具体自愿披露与资本成本相关研究的文献外，还有一部分文献没有明确区分自愿披露和强制披露，而是在研究中结合自愿披露与强制披露的数量或性质度量信息披露水平（或质量），为防止遗漏重要的研究成果，也将这部分文献纳入文献回顾的范畴。

披露水平（质量），有些学者也将其称为信息透明度。信息披露水平（质量）如何影响权益资本成本对学术界和实务界而言是一个相当有趣且重要的问题。然而，二者之间的关系又很难阐释和度量（Botosan，1997）。信息披露主要是通过影响信息不对称来影响资本成本（Verrecchia，2001），对信息披露和资本成本之间关系的直接检验是对信息披露质量和信息不对称之间关系以及信息不对称和资本成本之间关系的联合检验（Core，2001）。一般认为，外部融资需求量较大的公司更可能采取高水平的披露，而高水平的披露反过来会带来较低的外部融资成本。

在理论研究方面，Barry & Brown（1985）认为增加披露能够降低与资本成本相关的估计风险，同样，Diamond & Verrecchia（1991）的分析式模型指出增加披露会降低由于信息不对称带来的逆向选择成本，从而提高市场流动性和降低资本成本。但 Zhang（2001）却批判了这一观点，认为 Diamond & Verrecchia（1991）将信息披露作为外生变量的做法并不合适，信息披露应该

是企业的内生选择，同时也没有考虑私有信息生产、公开披露与资本成本间的均衡关系。他认为信息披露与资本成本之间的关系并不一定，如果披露水平的变化主要由盈余波动（earning variability）、流动性冲击变动（variability of aggregate liquidity shock）或者信息分析成本（cost of information analysis）引起的，则披露水平与资本成本之间存在正向相关；而如果披露水平的变化主要是由披露成本（the cost of disclosure）所驱动的，则披露水平与资本成本之间是负向相关的。

在经验证据方面，Welker（1995）的经验研究表明披露水平与信息不对称（以买卖价差为代理变量）负相关，Botosan（1997）以上市公司自愿披露数量度量披露水平，在控制市场风险、公司规模等公司特征后，研究发现仅对分析师跟踪少的公司而言，其披露水平和权益资本成本之间负向相关。Botosan & Plumlee（2002）在 Botosan（1997）研究的基础上对披露水平与资本成本间的关系进行了再检验，实证发现了信息披露水平与资本成本之间的负向相关关系，但与此同时，他们发现信息披露的及时性与资本成本是正向相关关系，他们认为可能的原因是信息披露越及时，股票波动越大，从而使资本成本升高。Hail（2002）以瑞士上市公司为研究样本，采用剩余收益模型，发现披露质量和权益资本成本间高度显著的负向相关关系，进一步处理自选择偏误问题后，二者的负相关关系仍然存在，只是显著性略有降低。Mensah 等（2003）的研究表明，增加的企业披露会降低分析师预测误差和偏离度，进而影响企业的资本成本。

一般而言，大部分的既有理论和经验研究表明，依靠外部融资的公司更可能采取更高水平的披露决策，并且披露水平越高融资成本越低，信息披露水平和质量的提高有助于降低公司的权益资本成本（Merton，1987；Leuz and Verrecchia，2000；Francis 等，2005；汪炜、蒋高峰，2004；黄娟娟、肖珉，2006；Fernando 等，2010）。很多学者采用自愿信息披露水平作为度量公司透明度的替代变量，通常认为具有较高自愿性信息披露水平的公司具有较高的透明度。汪炜、蒋高峰（2004）运用 2002 年前在上海证券交易所上市的 516 家公司数据，以企业全年的临时公告与季报数量作为衡量公司自愿信息披露水平的指数，检验了上市公司权益资本成本与自愿披露水平之间的关系，研究结果表明，上市公司信息披露水平的提高有助于降低公司的权益资本成本。在他们研究的基础上，曾颖、陆正飞（2006）研究了信息披露质量对权益融

资成本的影响。他们研究发现，我国上市公司的信息披露质量会对其权益融资成本产生积极的影响。Francis 等（2005）使用 34 个国家的样本，研究发现所处行业有更高外部融资需求的公司有更高的自愿披露水平，这些公司采取的扩展性披露政策带来了较低的债务和权益资本成本。法律和财务系统的跨国差异按照预期的方式影响着受观测的披露水平。该研究的一个惊人发现在于自愿披露动机因国家层面因素影响而独立地发挥作用，这表明世界各国资本市场中，公司自愿披露在降低外源性融资成本上的有效性。黄娟娟和肖珉（2006）的研究进一步支持了 Francis 等（2005）的结论，他们以 1993 年至 2001 年间我国证券市场进行股权再融资的上市公司为样本，考察了我国证券市场上市公司信息披露质量与其权益资本成本的关系。研究发现，在控制其他一些影响因素之后，上市公司信息披露质量与公司权益资本成本呈显著的负相关关系。而且，上市公司权益资本成本不仅受到上一年信息披露质量的影响，还受到前 4 年信息披露质量的影响。所以，公司管理者应该持之以恒地致力于追求较高的信息披露质量，以降低上市公司再融资的权益资本成本。Francis 等（2008）通过对 677 家公司财务年报数据自建的自愿披露指数研究了自愿披露、盈余质量和资本成本间的关系，研究发现盈余质量高的企业有更多扩展性的自愿披露。在非条件检验中，研究发现自愿性披露越多，资本成本越低。然而，信息披露与资本成本之间的关系受到公司盈余质量的影响，其在控制了盈余质量后，自愿披露对资本成本的影响会显著降低或完全消失。

Cheng & Lo（2006）假设内部人战略性地选择披露政策和其权益交易的时机以实现交易利润的最大化，但这易受到与披露和内部交易相关诉讼成本的影响。为了说明披露行为和交易行为间的内生性，他们发现当管理人员计划购买股份时，他们增加坏消息预测的数量以降低购买价格。此外，这一关系对于 CEO 发起的交易比其他高管发起的交易更明显。总体而言，内部人确实寻求自愿性披露时机以获得个人私利，但仅当诉讼成本足够低的情况下。这说明，披露水平与资本成本间的关系往往又受到公司内部治理的影响。

此外，一些学者也对信息披露对债务资本成本的影响展开了研究。高质量的信息披露能够有效地降低银行的信贷风险，缓解公司面临的债务融资约束。因此，信息质量高的公司更容易获得银行借款（徐玉德等，2011）。于富生、张敏（2007）以 2001 年以前在深圳证券交易所上市的部分 A 股公司

2002—2003 年的财务信息等数据为依据，利用深圳证券交易所网站公开披露的公司信息披露质量评级和浙江盛达 WTO 与金融工程研究咨询中心发布的上市公司信用评级数据，研究信息披露质量与企业债务成本间的关系。研究发现，信息披露质量与债务成本间存在显著的负向相关关系，且当企业的市场风险越大时，信息质量对债务成本的影响程度就越大。叶康涛、张然、徐浩萍（2010）以 2002—2007 年我国民营上市公司为研究样本，考察了民营上市公司终极控制人声誉对其债务融资的影响。研究发现，终极控制人若有负面媒体报道，则所在公司下一年债务融资规模更低，但公司所在地区的市场化程度会降低声誉对债务融资的影响，即声誉和市场化程度之间可能存在相互替代关系。

2.2　内部控制及其披露的经济后果

考虑到研究背景、监管环境和制度建设的迥然差异，针对这一研究主题，此处对国内外文献采用分别回顾的方式加以梳理。由于内部控制信息披露对资本成本的影响是内部控制信息披露一个极其重要的经济后果，且出于突出本书研究选题的需要，有关内部控制信息披露与资本成本的相关文献将在本章 2.3 节单独予以回顾。

2.2.1　国外相关研究

内部控制的有效性仍然饱受争议，这引发了学者对于内部控制是否能提高财务信息质量的广泛探讨。盈余质量是被广泛公认的财务报表信息质量的衡量标准。以会计指标为基础的盈余质量度量方法主要包括操纵性应计和会计盈余的持续性、稳健性、可预测性和平滑性等统计特征。下述研究从这些方面说明了内部控制与盈余质量间的关系。

Doyle 等（2007）分别检验了 SOX 法案的 302 条款和 404 条款要求的内部控制缺陷披露与应计质量间的关系。研究发现内部控制缺陷会导致有意盈余管理和无意会计差错引发的低质量会计应计。Ashbaugh‐Skaife 等（2008）研究了内部控制缺陷及其矫正对应计质量的影响。研究发现，与未披露内部控制缺陷的公司相比，报告内部控制缺陷的公司应计质量更低。在连续年份内收到不同内部控制审计意见的公司呈现出应计质量变动与内部控制质量变动

相一致的趋势。横截面和跨期变动测试为内部控制质量影响应计质量提供了强有力的证据。Chan 等（2008）和 Nagy（2010）检验了 SOX 法案 404 条款下报告重大内部控制缺陷的公司是否比其他公司有更多的盈余管理。研究结果初步得出了报告重大内部控制缺陷的公司要比其他公司有更多正向和绝对数操纵性应计的结论。因为审计师依照 404 条款无效内部控制的发现可能促使企业改善其内部控制，404 条款有降低有意和无意会计差错机会和提高报告盈余质量的潜在的好处。Epps & Guthrie（2010）以 SOX 法案 404 条款下 218 家至少披露一项内部控制重大缺陷的公司为研究样本，并对控制样本进行配对，检验了报告 404 条款重大缺陷与操纵性应计行为间的关系。研究发现，披露 SOX 法案 404 条款的重大缺陷对操纵性应计有较显著的负面影响。这表明披露内部控制缺陷的公司会使用操纵性应计进行更大的盈余操纵，而无论正向还是负向。Feng 等（2009）通过对 2004—2006 年间 2 994 家发布盈余预测和披露 404 条款重大缺陷公司的研究，发现披露内部控制重大缺陷的公司，其管理层盈余预测的偏误显著更大。内部控制质量越高，管理层盈余预测越准确。Altamuro & Beatty（2010）发现，美国联邦存款保险公司改进法案（FDICIA）中的强制内部控制条款提高了受约束公司贷款损失准备金的有效性、盈余持续性和现金流量的可预见性。LaFond & You（2010）进一步解释了 Altamuro & Beatty（2010）的研究发现，并提供了新的证据。

有条件稳健（盈余稳健），即盈余对"坏消息"比对"好消息"反应更加及时，也就是及时确认损失。Iliev（2010）认为 SOX 法案 404 条款能够提高报告盈余的稳健性，但也增加了企业的真实成本，还降低了小企业的市场价值。Goh & Li（2011）以披露内部控制重大缺陷的企业为样本，发现内部控制质量与盈余稳健性之间的正相关关系，即内部控制质量越差，盈余稳健性越低，进而产生较低的盈余质量。

市场反应是考察经济后果的一个重要视角。Zhang（2007）通过研究相关立法事件的市场反应检验了 SOX 法案的经济后果。以非美国交易的国外公司同期股票收益来估计美国公司的正常收益，研究发现美国公司围绕关键的 SOX 事件经历了统计上显著的负向累计超额收益，进一步检验表明延迟遵守 404 条款能节约非加速申报企业的成本。Beneish 等（2008）分析了 302 条款下 330 家上市公司在内部控制自我评价报告中披露缺陷和 404 条款下 383 家上市公司在内部控制鉴证报告中披露缺陷的市场反应，研究发现市场对前者有

显著的负向反应，三日短窗口的非正常收益为 - 1. 8% ，且非正常权益资本增加了 68 个基点，随后更长窗口的非正常收益检验表明这种负向市场反应具有一定的长期效应。Kima & Park（2009）考察了 302 条款下内部控制缺陷披露市场反应的截面差异。研究发现，当企业披露内部控制缺陷时，其非正常股票收益是与市场不确定变动负相关的。这种不确定性降低对于非重大缺陷的自愿性披露公司影响更大。Rose 等（2010）运用实验模拟和调查研究的方法，检验了投资者是否调整其对投资风险的评估以回应重大内部控制缺陷的披露、缺陷蔓延和披露详细程度。研究发现，投资者会调整其投资风险评估以回应重大缺陷披露。

Hammersley 等（2008）控制时间窗口内其他重大公告后，检验了 302 条款下管理层内部控制缺陷披露和这些缺陷特征的股价反应。研究发现，缺陷特征（严重程度、管理层对内部控制有效性的结论、可审计性和披露的模糊性）是有信息含量的，且内部控制缺陷的信息含量依赖于内部控制缺陷的严重程度。在子样本的时间窗口内，内部控制缺陷和重大缺陷披露有负向价格反应。SOX 要求审计师对内部控制系统的有效性发表意见，表明新的内部控制意见应该向投资者提供价值相关信息。Lopez（2009）研究发现，负面内部控制审计意见比单独财务报告审计意见能向投资者提供增量价值相关信息。尤其是，与标准无保留意见相比，负面内部控制审计意见与投资者评价更高的财务报表错报风险、更高的信息不对称、更低的财务报表透明度、更多的风险溢价、更高的资本成本、较低的盈余持续性和可预测性显著相关。

2.2.2　国内相关研究

国内对于内部控制实施的经济后果的研究主要是围绕内部控制目标展开的，具体可以归纳为内部控制对企业价值、盈余质量、代理成本、审计延迟与审计定价、法律诉讼和违规、管理人员舞弊以及过度投资及财务危机等产生的经济影响。关于内部控制信息披露的经济后果的研究则和国外相关研究一致，主要涉及市场反应和价值相关性两个方面。

林钟高和王书珍（2007）通过实证分析发现，企业内部控制水平的提高确实能促进企业价值的提高。查剑秋等（2009）依据内部控制理论以及企业战略管理理论，通过问卷调查，验证了良好的战略内部控制能够保证企业价值的实现。张川等（2009）也认为企业内部控制制度的有效执行和实施对提

高房地产企业的公司业绩有显著作用。

方春生和王立彦等（2008）通过调查 2005 年中国石化公司全面实施内部控制制度后财务报告可靠性和内部控制制度之间的关系，认为相比实施内部控制制度前，财务报告可靠性（以盈余质量为代理变量）有显著的提高。张国清（2008）认为高质量的内部控制并未伴随高质量的盈余，而公司的一些内在特征和治理因素确实会系统地影响内部控制和盈余质量。张龙平等（2010）通过实证分析 2006—2008 年沪市 A 股公司内部控制鉴证的经验证据，发现执行内部控制鉴证公司的会计盈余质量要好于未执行内部控制鉴证的公司，认为内部控制鉴证的实施效果已初步显现。方红星和金玉娜（2011）认为高质量内部控制能够抑制公司的会计选择盈余管理和真实活动盈余管理，披露内部控制鉴证报告的公司具有更低的盈余管理程度，获得合理保证的内部控制鉴证报告的公司盈余管理程度更低。他们在技术上处理了自选择偏误问题，指出这可能是已有研究在该问题上结论不一致的原因之一。

杨德明、林斌、王彦超（2009）实证研究发现，内部控制质量的提高有助于抑制大股东资金占用、降低经理人与股东之间的代理成本。内部控制与审计质量之间存在一定的替代效应，即在高审计质量样本中，内部控制降低代理成本的作用有所减弱，在低审计质量样本中，内部控制降低代理成本的作用则有所增加。杨玉凤等（2010）通过构建内部控制信息披露指数，研究了内部控制信息披露指数与代理成本之间的相关性问题，研究表明：内部控制信息披露对显性代理成本（管理费用率）没有抑制作用，对隐性代理成本（总资产周转率）有明显抑制作用，对显性代理成本和隐性代理成本具有综合抑制作用。

张敏和朱小平（2010）研究证明，企业内部控制问题（低质量的内部控制）与审计定价是显著正相关关系，披露更多内部控制缺陷将导致更高的审计定价。张国清（2010）研究认为，如果公司披露了标准无保留意见的内部控制审计报告，注册会计师的审计效率会显著提高，审计延迟时间更短，说明实施内部控制审计对上市公司来说是有回报的。但首次进行内部控制审计不会带来比上一年度更长的审计延迟，这是因为，首次实施内部控制审计可能需要投入更多的审计工作量，而公司自愿实施内部控制审计本身可能意味着其内部控制质量更高。杨德明、胡婷（2010）的研究发现：内部控制与独立审计之间存在一定的替代效应，即内部控制质量的提高往往伴随着审计监

督功能的弱化。随着内部控制质量的提高（降低），注册会计师识别上市公司盈余管理的能力显著下降（提高），这一现象尤其在审计收费偏低的情况下更加明显。其可能的原因在于，审计师一旦观察到上市公司内部控制质量较高，其就会有更强的动机来压缩实质性程序以实现节约审计成本的目的。

单华军（2010）基于我国证券市场违规的体制性成因的制度背景，以2007—2008 年深市 A 股上市公司为研究样本，检验内部控制缺陷与上市公司违规行为之间的关系，结果表明，上市公司内部控制缺陷越多，其面临法律诉讼或受到违规处罚的可能性就越大。相对于地方政府来说，中央政府控制的公司在面临监管部门违规惩戒时可以享受特别宽赦的优惠待遇。

周继军和张旺峰（2011）认为，企业的内部控制质量与管理人员发生舞弊的概率成显著负相关关系；在计量模型中，通过引入公司治理相关变量，还发现良好的公司治理机制不仅能够直接降低管理人员舞弊行为的发生概率，而且作为内部控制的环境因素，可以有效地提高企业内部控制的整体质量，使其更好地发挥抑制管理人员舞弊行为的作用。

李万福、林斌和杨德明等（2010）以上市公司 2007 年和 2008 年的内部控制信息披露评价指数来代表内部控制信息披露水平，研究发现内部控制披露水平的提高有助于抑制企业过度投资，能减少企业因过度投资带来的负面影响，降低企业陷入财务危机的可能性。

吴益兵（2009）研究表明，在没有经过独立第三方外部审计的情况下，企业管理层对自身内部控制有效性进行自我评价的信息披露并无法提高企业会计信息的价值相关性，投资者并不认为这种披露是可靠的；但在经过独立第三方外部审计的情况下，投资者会认可上市公司自愿披露的内部控制信息，会给予自愿披露内部控制信息的企业发行的证券资产以定价，从而提高企业会计信息的价值相关性。

黄寿昌等（2010）以 2006—2007 年我国沪市 A 股上市公司为研究样本，探讨了管理层自愿披露内部控制自评报告的市场反应。研究表明：自愿披露内部控制自评报告的上市公司，其股票交易更为活跃且股票价格波动更低，意味着自愿披露内部控制自评报告能够发挥信号作用，具有明显的实际经济后果，但也不排除存在着一定机会主义倾向的可能。邱冬阳等（2010）以2006—2008 年深市中小板市场的首次公开发行（IPO）公司为研究样本，通过对内部控制信息披露状况与其对应的超额收益率之间关系的检验，实证研

究了资本市场对 IPO 期间上市公司内部控制信息披露的反应。结果表明：内部控制信息是否完整披露没有明显的正向市场反应，市场却对于明确的内部控制是否整改的信息披露做出了正向的反应，但这个反应主要集中体现在 IPO 公司上市首日的开盘价上，其随后的市场正向反应趋于消失。张川等（2009）研究发现，企业内部控制制度的有效执行和实施能够显著提高房地产企业的公司业绩，而审计师对内部控制的鉴证意见相较于企业管理层对内部控制的自我评估，二者的替代作用和互补作用可能同时存在。黄新建和刘星（2010）选取 2006—2008 年沪市 A 股制造业上市公司作为研究对象，采用上市公司是否在其年度报告中披露内部控制自我评估报告作为上市公司内部控制信息透明度的衡量指标，检验了内部控制信息透明度对公司绩效的影响。结果表明：上市公司内部控制信息透明度的提高对公司经营绩效具有积极的正面效应，即能够显著提高上市公司的经营绩效。

2.3　内部控制信息披露与资本成本

如前述及，作为政府监管的重要举措，美国 SOX 法案的颁布，确立了内部控制建设、职能监管和信息披露体制，成为公司透明度建设和信息披露制度的重要组成部分，从而也催生了国外一大批运用实证方法研究内部控制相关问题的文献。外界获取内部控制相关信息的来源主要包括管理层对公司内部控制有效性的自我评价报告（SOX 法案 302 条款）和审计师对管理层自我评价内部控制有效性出具的审计报告（SOX 法案 404 条款）。SOX 法案要求审计师对内部控制系统的有效性发表意见，表明新的内部控制意见应该向投资者提供价值相关信息（Hammersley et al.，2008）。由于美国的内部控制信息披露目前属于强制披露（仅对小规模上市公司豁免），因此，学术界更加关注内部控制重大缺陷披露引发的经济后果。这里对内部控制缺陷披露与资本成本的相关研究文献进行简要回顾。

2.3.1　内部控制缺陷披露与资本成本

从理论上说，内部控制质量影响权益资本成本有两条作用路径（Feng 等，2009）：一是高质量内部控制会提高财务报告质量，进而减少投资者面临的信息风险，从而降低公司的权益资本成本（Lambert et al.，2007）；二是高质量

内部控制影响公司内部人的真实决策（如管理层侵占和大股东掏空行为），从而增加归属于广大股东的现金流，降低公司的经营风险，进而降低上市公司的权益资本成本（Gao，2010）。Ogneva 等（2007）以在 2004 年 11 月至 2006 年 2 月间向美国证券交易委员会（SEC）首次提交 SOX 法案 404 条款要求的内部控制审计报告的 3 802 家公司作为样本，实证检验内部控制质量与权益融资成本的关系。研究发现，存在内部控制缺陷的公司，其权益融资成本要高于其他公司。然而，在控制公司特征与分析师预测偏差后，存在内部控制缺陷的公司，其权益融资成本与其他公司并无明显区别。Ashbaugh – Skaife 等（2009）使用 SOX 颁布前未经审计的披露和 SOX 法案 404 条款审计意见来评价内部控制质量变动如何影响公司风险和权益资本成本。研究发现，内部控制缺陷公司有更高的特有风险、系统风险和权益资本成本。跨期变动分析表明审计师证实的内部控制缺陷变动会引起权益成本 50 ~ 150 个基点的显著变动。Lopez（2009）研究发现，负面内部控制审计意见比单独财务报告审计意见更能向投资者提供增量价值相关信息。尤其是，与标准无保留意见相比，负面内部控制审计意见与投资者评价更高的财务报表错报风险、更高的信息不对称、更低的财务报表透明度、更高的风险溢价、更高的资本成本、较低的盈余持续性和可预测性显著相关。Rose 等（2010）运用实验模拟和调查研究的方法，检验了投资者是否调整其对投资风险的评估以回应重大内部控制缺陷的披露、缺陷蔓延和披露详细程度。研究发现，投资者会调整其投资风险评估以回应重大缺陷披露，进而影响企业的权益资本成本。

内部控制质量通过影响信息风险和经营风险，从而影响债权人判断上市公司债务契约的违约风险或债务人的还贷风险，进而影响上市公司债务资本成本的高低。Schneider & Church（2008）调查搜集了 111 名信贷员提供的数据，发现他们对公司的信用评级受内部控制审计报告的影响。研究表明，负面的内部控制审计意见会降低财务报告标准无保留意见的保证程度，且对信贷方的判断产生负面影响，进而会增加公司债务融资成本。

2011 年集中出现的三篇实证文章足以说明这一话题已经成为研究热点。Dhaliwal D. 等（2011）检验了首次执行 404 条款的内部控制重大缺陷披露与公司债务成本变动间的关系，研究发现，平均来说，如果公司披露了重大缺陷，将会增加其公开交易债券的信用风险。同时，他们还检验了信用评级机构或银行的监管对此产生的影响。

Kim 等（2011）将遵循 SOX 法案 404 条款披露内部控制缺陷的借款公司作为研究样本，比较了有内部控制缺陷和没有内部控制缺陷公司间债务契约的不同特征。研究发现，在控制了其他已知的债务契约条款的影响因素后，内部控制缺陷公司的贷款利差要比没有内部控制缺陷的公司高 28 个基点。其次，内部控制缺陷为公司层面且更为严重的公司要支付更高的贷款利率。然后，债权人强加给内部控制有缺陷公司更严格的非价格条款。最后，通过对公司内部的分析发现在公司披露了内部控制缺陷后，银行会增加贷款利率，而当公司对以前报告的内部控制缺陷补救之后，其贷款利率又会降低。

Costello & Wittenberg – Moerman（2011）采用 SOX 内部控制审计报告来度量财务报告质量，研究发现，当公司披露内部控制重大缺陷时，债权人会减少其财务契约的使用和以财务比率为基础的绩效定价条款，取而代之的是采用价格和证券保护及信用评级基础的绩效定价条款。同时，也发现因内部控制缺陷而改变债务契约设计显著异于财务重述，后者更强调对管理人员行为的严密监管。Kim 等（2011）和 Costello & Wittenberg – Moerman（2011）都采用银行贷款利差检验内部控制缺陷披露对企业债务成本的影响。

2.3.2　内部控制审计信息的自愿披露与资本成本

国内外对内部控制审计信息的自愿披露和资本成本的相关研究还处于起步阶段。国外仅有一篇针对内部控制审计信息自愿披露与资本成本关系的工作论文。Cassell 等（2011）针对美国 SOX 法案的制度背景，通过对自愿披露内部控制审计信息的非加速申报公司（non – accelerated filers，主要是指小规模上市公司）的研究，检验了在披露正面内部控制自我评价报告的前提下，自愿性内部控制审计（鉴证）与公司资本成本（包括权益资本成本和债务资本成本）之间的负相关关系，表明上市公司可以通过自愿性内部控制审计获得一个重要的好处，即资本成本的降低。

与美国制度背景不同，至 2012 年前我国内部控制审计及其披露尚处于自愿性阶段。这就为本书研究内部控制审计信息的自愿披露如何影响资本成本提供了难得的契机和数据支持。我国学者吴益兵（2009）以 2007 年度 A 股自愿性披露内部控制信息的上市公司为样本，初步得出了内部控制审计信息能够降低企业资本成本的结论，但其仅仅使用一年的数据为样本，而且权益资本成本求解中存在对公式理解的某些偏差。张然和王会娟等（2012）以

2007—2010 年期间深沪主板上市的 A 股公司年度报告或独立公告中披露的内部控制自我评价和鉴证报告为对象，研究其披露是否会降低公司的加权资本成本。研究表明，在控制其他因素的情况下，披露内控自我评价报告的公司资本成本相对较低，且进一步披露内控鉴证报告的公司资本成本更低。但他们采用资本资产定价模型（CAPM）度量权益资本成本，进而计算加权平均资本成本作为公司资本成本的代理变量，这可能混淆了内部控制审计信息的自愿披露对权益资本成本和债务资本成本不同的作用路径，同时没有区分由于投资者和债权人在信息搜集和处理能力方面的差异而对资本成本产生的不同影响。故上述两篇文献的研究结论尚难令人信服。

2.4 文献述评

通过对上述国内外研究文献的回顾与梳理，不难发现：关于信息披露与资本成本间关系的作用机理分析，国内外学者主要运用信息不对称、委托代理和信号显示等经典信息经济学理论展开分析，信息披露主要是通过影响信息不对称来影响资本成本（Verrecchia，2001），对信息披露和资本成本之间关系的直接检验是对披露水平和信息不对称之间关系以及信息不对称和资本成本之间关系的联合检验（Core，2001）。自愿披露对资本成本可能会产生定向效应（directional effect），即"好消息"和"坏消息"对资本成本会引起不同方向的变动。从信息披露的内涵来看，公司披露的信息无外乎划分为财务信息与非财务信息两大类。早期的研究多集中于财务信息的自愿性披露，而近年来则更加关注非财务信息的自愿性披露，特别是伴随着美国 SOX 法案和我国内部控制标准体系的颁布与实施，围绕内部控制信息披露与资本成本的相关研究已经引起国内外学者的一定关注。目前针对该领域的研究至少还有以下几方面问题值得进一步商榷和讨论：

第一，尽管监管机构为敦促上市公司开展自愿披露，明确强调自愿公开信息披露会给企业带来资本成本降低的好处，但学界对于信息披露（尤其是自愿披露）与资本成本之间的关系无论是在理论演绎还是实证检验方面至今都尚存争议，因此还需要进一步的经验证据。从理论层面来看，Diamond & Verrecchia（1991）和 Leuz & Verrecchia（2000）等运用分析式研究方法认为自愿性信息披露可以降低公司的资本成本，但 Zhang（2001）却批判这一观点

过于武断，前者研究认为信息披露外生于企业，可在实践当中，自愿信息披露却是企业自身的选择行为。Zhang（2001）提出了私有信息生产、公开披露与资本成本间的理论分析框架，认为信息披露与资本成本之间的关系并不固定，如果披露水平变化主要由盈余波动、流动性冲击变动或者信息分析成本引起，则信息披露与资本成本之间正向相关；而如果披露水平变化主要受披露成本变化驱动，则信息披露与资本成本之间负向相关。从经验证据来看，也似乎矛盾重重。Botosan（1997）预测信息披露水平与资本成本之间应当是负相关关系，但是她仅在分析师跟踪少的公司中发现两者负向关系显著。随后，Botosan & Plumlee（2002）对 Botosan（1997）的研究进行了再检验，实证发现信息披露水平与资本成本之间的负相关关系，但与此同时，他们发现信息披露及时性与资本成本却是正向相关关系，可能原因在于信息披露越及时，股票波动越大，从而使资本成本升高。Gietzmann & Ireland（2005）发现自愿信息披露与资本成本间的负向关系仅在具有激进会计行为的公司中成立。Francis 等（2008）认为信息披露与资本成本之间的关系受到公司盈余质量的影响。由此可见，本课题将为该领域的研究提供进一步的经验支持。

第二，作为政府监管的重要举措，美国 SOX 法案的颁布和强制推行，催生了国外一大批运用实证方法研究内部控制相关问题的文献。外界获取内部控制相关信息的来源主要包括管理层对公司内部控制有效性的自我评价报告和审计师对管理层内部控制自我评价有效性出具的审计报告。由于美国的内部控制信息披露目前属于强制披露（仅对小规模上市公司豁免），因此，学术界更加关注内部控制重大缺陷披露引发的经济后果，即内部控制缺陷披露（即负面内部控制审计意见）与资本成本间的关系，且研究结论并不完全一致。不同于美国内部控制审计强制披露的制度背景，我国现阶段内部控制审计尚处于自愿披露阶段，因此，考察内部控制审计信息的自愿披露（即正面内部控制审计意见）对资本成本的影响更符合我国的现实环境，有利于评价我国内部控制相关制度的实施效果。

第三，尽管探讨内部控制审计信息的自愿披露对资本成本的影响十分重要，但到目前为止，国内对于内部控制审计信息的自愿披露与资本成本的相关研究刚刚起步，只有少数文献探讨了内部控制信息（包括内部控制自我评价报告和内部控制审计报告）的自愿披露对权益资本成本的影响，且由于资本成本代理变量计算方法及研究结果中存在的问题，其结论尚难令人信服。

通过对既有文献的梳理分析发现，目前还没有研究系统地探讨内部控制审计信息的自愿披露对债务资本成本的影响。

综上可见，现有为数不多的关于内部控制信息披露与资本成本展开的相关研究还没有形成完整适用的理论分析框架，还缺乏系统严谨的实证研究方法和全面翔实的经验证据。现有文献存在的上述问题或不足，为本课题的研究提供了很大的空间，并为今后的研究指明了努力方向。

3

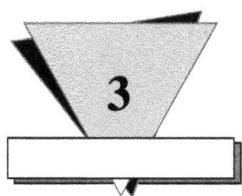

理论基础与机理分析

作为本书研究的理论基础，本章首先梳理了契约经济学和信息经济学的发展脉络，回顾了契约理论、信息不对称理论、信号显示理论和委托-代理理论，并将本书的研究选题融入上述理论分析之中，而后运用上述理论深入考察了我国信息披露制度环境下，上市公司内部控制信息披露影响资本成本的内在机理，阐释上市公司自愿披露正面意见的内部控制审计报告对其资本成本的影响。

3.1　理论基础

3.1.1　契约理论

契约也称为合同、合约或协议。从法律意义上讲，契约是指双方或多方之间为设定合法义务而达成的具有法律强制力的协议。而现代经济学则将所有的市场交易都看成是契约关系，因而较法律规定的内涵更为广泛。每一项经济交易都是由显性或隐性的合约加以调节的（Hart and Holmstrom，1987）。由于具体交易的复杂繁多，导致很难对契约进行分类。但从契约理论与实践的具体发展状况来看，大致上可以分成古典契约、新古典契约与现代契约3个阶段。现代契约理论克服了古典契约理论和新古典契约理论的缺陷，指出契约的不完全性，这是现代契约的一个根本性特征，并将不确定性纳入到契约之中。现代契约理论沿着契约结构的信息不对称和昂贵信息成本的思路展开的研究，成为主流经济学的前沿领域。

类型不同的契约之间存在的根本差异，在于缔约双方所拥有的权利和收益不同。从空间与时间两个维度对完整契约的财产权利束进行不同分割，会产生不同的权利组合和配置方式，各种形式的交易契约也就应运而生（董裕平，2002）。企业是一系列契约的集合。从企业融资活动来看，企业通过发行股票、债券或者向银行贷款等不同融资方式与资本提供者形成不同的契约关系，就有债务契约和股权契约的存在。这些具有不同权利、收益与风险的契约关系构成了股票市场、债券市场或银行信贷市场。按照渠道程序上的不同，债务契约大体上可分为直接债务契约（即公司直接发行公司债券和商业票据等）和间接债务契约（即通过商业银行获得贷款）。在直接的债务融资契约关系中，虽然只有资金供求双方，但借款人往往要同时面临多个资金供应者。

这种一对多的融资行为由于个人信用风险问题可能存在更高的清算成本、监督成本和流动性成本等交易成本。相比之下，因为银行中介在监督实施与风险转移方面的优势，使得这种间接债务融资契约更具有普适性。尽管在一定假设条件下，可以证明上述债务契约具有最优性，但无论是直接还是间接债务契约往往由于为控制风险而要求借款人提供抵押担保或设定较短的偿还期限或者限制贷款资金用途等，而导致资本市场上的需求无法完全得以满足，这就在客观上促成了股权契约的产生与发展。尽管股权契约包含剩余权利（residual claims），但在投资者保护较弱的市场环境下，资金供应者往往面临更高的投资风险。

上述契约关系的存在就构成了重要的委托－代理关系。企业信息的公开披露和独立第三方的外部审计是社会产权结构变革的产物，其产生的直接目的在于监督企业契约的订立和有效执行。2001年美国安然事件的爆发，让全球资本市场参与者意识到，仅凭企业财务信息的公开披露及其独立审计还无法实现对企业契约有效执行的有力监督。因而，融入企业财务信息生产流程并发挥质量监控的企业内部控制及其信息披露制度——主要指内部控制自我评价报告及独立审计对其发表的审计报告，被提升到了资本市场监管的高度，以期能够在财务信息生产及披露过程中对企业财务信息加以保证。因此，内部控制监管制度作为一项补充契约，能够弥合原有财务信息披露无法满足现代企业受托职责有效履行的缺陷。

在了解企业契约及其在融资活动中的表现形式后，接下来再看一下契约关系的制度约束。契约结构内生于制度约束，是契约成本最小化的结果（孙铮、李增泉、王景斌，2006）。科斯指出："权利的界定是市场交易的基本前提，企业中的产权结构之所以重要是因为它会对交易费用、激励机制和经济行为产生影响。"产权的一个重要功能就是配置资源。当契约不完全时，产权配置成为经济效率的关键问题。阿尔钦认为，经济学的本质在于对稀缺资源的权利安排，经济学问题实质上就是要解决产权如何界定、具体形式以及怎样交换的问题（刘桂斌和刘勤，2007）。在我国转型经济中，政府仍然在资源配置中发挥重要作用，这是由我国公有制背景所决定的。一方面，政府可以通过行政干预影响生产要素的使用和社会资源的配置；另一方面，可以通过所有者身份为企业提供信用担保（即通过财政补贴、税收优惠和政策扶持等方式为企业提供隐性担保），能够引导人们对其所控制企业信用与风险的认识

和判断，从而引发社会资源的流动配置。企业所处的制度环境将会对企业的融资行为和融资成本产生重大影响，因此，要理解转型经济中的企业契约结构必须考虑我国特有的制度环境。

3.1.2　信息不对称理论

在科斯（Coase）提出交易费用理论开启的新制度经济学的研究基础之上，乔治·斯蒂格勒（George Stigler）放弃了完备信息的暗含假设，提出了信息不充分、信息有价值和信息的获取需要成本等重要观点，使得信息成为现代经济分析的一个重要考虑变量。信息经济学是一门研究信息对个人行为和市场交易的影响，以及由此引发的各种制度安排的边缘学科。在20世纪70年代，经济学界发现信息不对称会导致一系列意想不到的后果。不对称信息由此成为经济学理论上的重要突破。约瑟夫·斯蒂格利茨（Joseph Stiglitz）因其对信息经济学的基本理论，尤其是对不对称信息研究方面的贡献而成为信息经济学的奠基人之一，并获得2001年的诺贝尔经济学奖。

在理解信息不对称之前，首先来了解一下信息的分类。所有的不对称信息问题都将涉及的一个重要概念就是"私人信息"（private information）。通俗地说，所谓私人信息就是指在订立契约时或契约执行过程中，一方知道有些信息而另一方却对此并不清楚。与之相对应的概念就是"公共信息"（public information），即每个人都能够通过观察加以掌握的信息。对于市场而言，根据市场上有关事件的知识或概率分布在相互对应的经济主体之间是否作对称分布，可将信息分为对称信息（symmetric information）和不对称信息（asymmetric information）。私人信息或不对称信息的存在使一部分人比他人拥有更多的信息，通常将行为人之间的这种信息占有上的差异称为"信息不对称"（information asymmetry）。在信息经济学或有关激励问题的研究中，根据是否拥有私人信息可以将交易双方分别称为"代理人"（agent）和"委托人"（principal），前者是指拥有私人信息的一方，而后者则是处于信息劣势的一方。任何一项交易总是与特定的契约联系在一起，因此，信息不对称情形下的交易通常被视为委托人与代理人之间签订的某种契约。

在现实经济生活中，信息不对称的存在是由于参与人获得不同的信息所致，而获得不同的信息又与人们获取信息的能力相关（乌家培、谢康和肖静华，2007）。市场参与者面临着信息不对称，即参与经济活动的当事人拥有不

同的信息情况。通常卖方掌握的信息比买方掌握的信息要多。一般而言，信息不对称可以分为事前信息不对称和事后信息不对称。事前信息不对称会产生"劣币驱逐良币"的"逆向选择"（adverse choice）问题，而事后信息不对称则会引发隐藏信息或行为的"道德风险"（moral hazard）问题。

事前信息不对称导致的"逆向选择"问题可能会造成市场的失灵或者无效率（刘明辉，2009）。逆向选择产生的原因是委托人在订立契约前不知道代理人的类型，例如，道德好坏和能力高低等。逆向选择最早由阿克洛夫（Akerlof）1970年通过对美国二手车市场的分析提出，他指出，卖方比买方拥有更多关于二手车质量和性能的详细信息，在买卖双方信息不对称情况下，买方以市场的平均质量（性能）估计市场价格，只能购买到质量（性能）在平均水平以下的二手车，质量高于平均水平的二手车就无法销售出去，从而导致质量好的二手车逐步退出市场，这就是经典的"柠檬市场"（lemon market）模型。由此可见，信息不对称导致的逆向选择行为可能对市场均衡以及市场效率都会产生影响，严重时甚至导致市场失灵。同样，在不完全资本市场上，作为公司"外部人"而言，外部投资者和债权人与公司管理层等"内部人"之间必然存在着信息不对称。现实市场中，作为内部人的管理层掌握有大量的关于公司自身经营和发展状况的真实信息，而由于不能直接参与公司的经营和管理，外部投资者和债权人在获取这些有关企业的内在核心信息方面显然处于劣势地位。因此，上市公司管理层是否向外界公开披露有关公司的这些信息，成为资本市场广大投资者和债权人所关注的重点问题。上市公司公开信息披露为资本供需双方搭建起增进了解、促成合作的桥梁。此外，在资本市场上，除公司管理层与外部投资者和债权人等外部人之间存在信息不对称外，广大市场参与者之间也普遍存在着信息不对称问题。一般来说，一些市场参与者（如机构投资者）相较于另一部分市场参与者有机会接触到更多的信息，上市公司的公开披露会提高所有市场参与者对公司的信息知情水平，从而降低广大市场参与者间的信息不对称，进而降低公司的资本成本。因此，自愿性的公开披露所发挥的信号作用及其缩小市场参与者间的信息差距，能够有效地降低资本市场上的信息不对称。

3.1.3 委托－代理理论

所谓委托－代理关系，是指一个或多个委托人委托某一个代理人代为采

取某些行为的一项契约。无论是委托人还是代理人，他们的目标都是达到各自的效用最大化。在现实生活中，委托 – 代理关系无处不在。广义地说，信息不对称的契约双方都存在委托 – 代理关系，无论这种契约是显性还是隐性的。显性契约是指公司与债券持有人或银行等贷款机构之间的契约。企业在该类契约订立中对在未来某一特定日期偿付特定数量的现金进行了明确承诺。此外，销售企业对自身商品的保修承诺或对企业与雇员签订劳务合同中约定的退休金支付义务等也属于显性契约。隐性契约，则是指无论是否存在约束条件，企业都会按照"公序良俗"来做，主要包括诚实守信的品德、提供相关真实信息的道德规范，等等。简言之，只要一个人的利益依赖于另一个人的行动，就会产生委托 – 代理问题。现代企业制度是建立在企业所有权与经营权相对分离的基础之上，两权分离是产生代理问题的根本原因。由于所有者与经营者之间的信息不对称，企业所有者无法完全观察到经营者的所有行为，企业经营者出于追求个人私利的动因而采取可能偏离股东利益最大化目标和损害所有者利益的行为，这就产生了委托 – 代理问题。

从经济意义上讲，任何一种涉及不对称信息的交易都可以称之为委托 – 代理关系，即市场交易参与双方只要在订立或签署某项契约前后掌握有不对称的信息。如前文述及，交易中有信息优势的一方称为代理人，而处于劣势的另一方则称为委托人。委托 – 代理关系成立必须满足两个基本条件：一是市场中存在两个相互独立的个体，且双方都是在约束条件下的效用最大化者。这两个独立个体是构成委托 – 代理关系的双方，二者通过事前订立某种合同来确定双方的权利与义务，该合同明确规定，代理人必须按照双方约定的行为在合同生效后行事，且该行为不但会影响其自身的收益，更会影响委托人的收益；而委托人则具有付酬能力，并有权规定付酬的方式、时点和数量。这表明代理人只有在众多备选行为中选择一项预定行为，才能获得相应的报酬，也就是说，代理人的报酬是委托人观察代理行为结果的函数。二是委托人与代理人不仅同样面临着市场风险，而且二者之间也处于非对称信息状态。一方面，委托人不能直接观察代理人的工作状态或私人行为；另一方面，代理人不能完全掌控行为选择的后果，因为代理人行为选择后果的状态分布取决于代理人行为。受限于此，委托人对代理人业绩（是否在工作上真正努力，是否改变原有的行动规则等）的评价或判断不能完全依赖对代理人行为的观察结果。詹森（Jensen）和麦克林（Meckling）在其 1976 年发表的经典文献

"Theory of the Firm: Managerial Behavior, Agency Costs and Ownership Structure"（《企业理论：管理者行为、代理成本和所有权结构》）一文中最早提出了代理成本的概念："代理成本主要包括委托人为限制代理人"越轨"行为而发生的监督成本（monitoring costs）、迫使代理人承诺不侵害委托人利益而付出的约束成本（bonding costs），加上执行契约过程中福利减少所造成的剩余损失（residual loss）。"

如何才能降低企业的代理成本呢？Jensen & Meckling 给出了他们的解决之道，即要想减少企业的代理成本，必须通过监督和约束等措施来控制管理者的行为，具体措施包括建立激励补偿机制、预算限制、外部审计以及正规的控制系统等。内部控制作为企业内部治理的一项正规控制系统，能够起到降低代理成本的作用。这是因为两权分离需要权力制衡，内部控制是实现权力制衡的基本措施（杨雄胜，2005），而内部控制审计作为对内部控制有效性的合理保证，必然会增强内部控制对代理成本的降低作用。

3.1.4 信号显示理论

逆向选择的存在可能导致市场完全失灵的严重后果，既然问题由信息不对称而产生，那么最直接的解决之道当然就是通过可行的办法来降低信息的不对称程度。是否存在某种机制使处于信息劣势的一方能够获得原本并不公开的私人信息？信号显示就是其中的一种。信号显示是指拥有私人信息的一方通过采取可被观测到的行动向另一方发送信号来显示私人信息。

信号显示理论（signaling theory）源于现实经济生活中的信息不对称问题，是缓解由信息不对称所引发的"逆向选择"（adverse selection）或"柠檬问题"（lemons problem）的一种有效机制。1973 年，美国经济学家迈克尔·斯彭斯（Michael Spence）在其《劳动力市场信号发送》一文中最早提出了信号显示（也称信号传递）的概念，并试图解释这一问题。他指出，在竞争性的劳动力市场中，具有较高才能的劳动者可以通过采用某些有成本的行为进行信号发送，由此解决劳动力市场中逆向选择问题。斯彭斯也由此成为信号显示理论的奠基人。市场上这种由信息较多的一方主动向信息较少的一方提供信息，从而形成市场交易机会的行为，就是信息经济学中的"信号显示"或"信号发送"。信息的首要经济功能就是以市场信号的形式显示社会稀缺资源配置的有效程度。社会稀缺资源配置的方向是否合理，手段是否有效，决

策结果是否经济等，这些内容都需要以某种形式显示出来，即经济信息充当了资源配置有效程度指示器的角色（让·梯若尔、王永钦，1996）。市场经济中充当资源配置器的经济信息系统就是通常所言的市场价格体系或价格机制。信号显示机制在日常生活中广泛存在，如劳动力市场、产品市场和资本市场等。

信号显示理论自 20 世纪 70 年代创立之初就被广泛应用于资本市场研究。信息对于资本市场至关重要，它通过引导价格形成来实现资源配置（Kothari 等，2005）。信号显示理论就是研究如何才能有效解决信息不对称导致的逆向选择问题。在不对称信息条件下，拥有信息优势的一方试图通过某种信号向另一方显示自己的真实信息。因此，信息披露成为连结上市公司与资本市场各方的桥梁与纽带。信号显示是与信息披露密切相关的理论，为了克服信息不对称所带来的市场无效，上市公司往往利用股利政策、股票回购等事件公告或管理层盈余预测等自愿披露作为信号向资本市场显示其真实信息。

在现实经济活动中，市场参与者所掌握的信息是不对称的，体现为交易一方持有另一方未知的交易相关信息，且不知情一方对这些信息的验证需要付出相对昂贵的成本。在资本市场上，为了克服信息不对称所带来的市场无效，上市公司往往利用多种事件公告或自愿披露来作为信号向资本市场显示其真实信息。高质量企业的管理者对企业的未来收益和投资风险有内部消息，知道企业的前景一片大好，而外部投资者并不知情，只能通过管理者输送出来的信息间接评价企业的市场价值。在这种情况下，投资者对于企业的价值估计就会有偏差。如果企业管理者能够将企业高质量的信息传递给投资者，就能有效地提升企业价值。在不完美市场中，与外部投资人相比，企业管理层掌握更多关于公司价值的真实信息，也更了解企业现实盈利状况和未来增长潜力。因此，管理者在企业发展的必要阶段，尤其是当其意识到公司价值被市场低估时，往往会主动采取相应手段对这些信息加以揭示。

股利政策和支付时机通常被视为管理层向市场显示其公司未来前景且具有"高昂"成本的信号机制（Balachandran 等，2012；埃斯潘·埃布克、杨丹，2011），有关这方面的研究成果颇为丰硕。经验研究表明，股利变动公告会引起股价与股利变动的同向调整，股价一般随着股利的增加或初次发放而增加，随着股利的减少或停发而下降（Aharony and Swary，1980；Asquith and Mullins，1983；Healy and Palepu，1988；Michaely 等，1995；孔小文、于笑

坤，2003)，但也有一些学者持有相反观点，或实证结果没有提供支持股利信号显示假说的证据（DeAngelo 等，1996；陈浪南、姚正春，2000 等)。与增派股利相类似，管理层也有意使用固定价格回购要约向市场发送其股价被低估的信号（Rau and Vermaelen，2002；Louis and White，2007)，一般会引起股价的正向波动（Vermaelen，1981；Comment and Jarrell，1991；Jun 等，2009)。企业还可能借助高管持股（Leland and Pyle，1977)、债务融资（Ross，1977)、审计师选择（Balvers 等，1988；Beatty，1989 等)、IPO 折价和增发时机（Ivo，1996)、可转债设计条款（Jung and Sullivan，2009)、管理层薪酬契约（Levine and Hughes，2005）和列报重组费用（Cready 等，2012）等信号显示行为向市场传递其未来成长前景或绩效改良的信号。

扩展性自愿披露是上市公司最为常用的信号显示机制。自愿披露的市场反应和经济后果涉及股票业绩、买卖差价、资本成本、分析师预测和机构持股等（斯蒂格利茨、纪沫、陈工文等，2007)。自愿披露的早期研究集中于资本市场会计信息的信号显示作用（Healy and Palepu，2001)。即使在有效资本市场中，企业管理人员也会向外部人发送关于企业预期未来业绩的好消息（如管理层预测盈余增加和自愿性季度盈余披露)，以正面引导投资者对企业价值的估计，从而引起正向市场反应（Waymire，1984；Davis 等，2012)。为了提高自愿披露的可靠性，高质量公司的管理层有自愿聘请审计师对披露信息进行审计来表明自己公司披露信息真实可信的动机（李明辉，2004)，且上市公司选择规模大的审计机构，能够向资本市场发送"利好"信号，从而提高公司资本结构优化的调整速度（张娟、李虎、王兵等，2010)。

企业在资本市场上为其从事的风险经营活动筹集资金，其内部管理人员拥有关于这些活动未来现金流的私有信息，而资本市场中的"柠檬"问题会激励管理层提供某种自愿披露以降低其融资成本。有关自愿披露与融资成本间关系的探讨，无论是理论分析还是实证检验，时至今日仍然是一个经久不衰的热点话题。既有经验研究表明，依靠外部融资的企业更可能采取高水平的披露政策，而高水平的披露反过来会给企业带来较低的外部融资成本（Diamond and Verrecchia，1991；Leuz and Verrecchia，2000；Botosan and Plumlee，2002；Francis 等，2005)。企业社会责任（如环境保护）报告的自愿披露可以向政府和投资者等利益相关人发送信号，从而影响他们对企业的认识和估值，为投资者决策提供增量信息并会对金融市场产生影响（乔引花、

张淑惠，2009）；社会责任绩效好的发起公司会吸引机构投资者和分析师积极预测，且这些分析师预测的绝对误差较低，从而使企业获得较低的权益融资成本（Dhaliwal 等，2011）。内部控制是上市公司信息披露的重要组成部分。以我国内部控制审计自愿披露为契机的少数研究发现，上市公司自愿披露正面意见的内部控制审计（鉴证）报告能够发挥信号显示功能，向市场传递公司内部控制和财务信息的高质量，从而显著降低其权益资本成本（吴益兵，2009；方红星、施继坤，2011）。

在信号显示效果研究方面，Fuller（2003）分析了不同投资者的交易行为对股利信号市场反应的影响，认为市场参与者间的交互影响很好地解释了增派股利为何没有完全被市场认为是好消息。Fuller & Goldstein（2011）的进一步研究表明，市场环境（market conditions）会影响股利政策信号显示的效果，即股利信号显示效果在衰退市场环境下比上升市场环境更强。

我国监管法规要求董事会披露年度内部控制自我评估报告，但在缺乏独立第三方监督或证实的情况下，投资者往往会质疑这些自我评估报告的可信度。根据信号显示理论，优质公司有更强烈的动机自愿向外界发送公司具备高质量的信号。因此，内部控制质量越高的公司越有可能基于信号显示的意图自愿聘请审计师对其内部控制有效性进行审计，并披露由外部审计师出具的内部控制审计报告。此外，资本市场信息披露的有效运行离不开独立审计所发挥的基础保障作用，其作为一种有效的外部监督和治理机制，有利于降低信息不对称，缓解代理冲突，提高会计信息质量，从而促进社会资源的优化配置。审计的本质在于增进信息的价值，从而提高信息对使用者投资决策的有用性和准确性。内部控制审计本身也有助于发现公司内部控制存在的问题，帮助公司提高内部控制质量。因此，如果公司自愿披露了独立第三方（审计师）正面的审计意见，应该能够合理地推断该公司的内部控制越有效，相应的信息风险也就越低。

3.2 自愿披露内部控制审计信息影响资本成本的机理分析

内部控制作为一种内部治理机制，其设计和执行都存放在公司的"黑箱"之中，外部利益相关者只能通过公司管理层进行的内部控制信息披露行为对

该公司的内部控制质量加以判断。内部控制信息披露是内部控制监管措施的重中之重，也是公司信息披露不可或缺的重要组成部分，其主要包括两个层次：一是上市公司管理层对公司内部控制的有效性进行评价形成的管理层内部控制自我评价报告；二是在上市公司披露内部控制自我评价报告的基础上，聘请独立审计师对公司将要对外披露的内部控制评价报告及特定基准日内部控制设计与运行的有效性进行审计形成的内部控制审计（或鉴证）报告。

上市公司内部控制信息披露在没有经过独立审计的情况下，企业披露内部控制信息需要付出的成本极低，出于管理层追求私利的动机，最终的结果可能是内部控制信息披露报告中充斥着虚假信息，使得投资者对不同公司有关内部控制信息披露的内容真伪难辨，也就无法对公司内部控制信息进行有效识别并藉此进行投资决策，逆向选择问题由此而生。此外，由于自 2008 年以来我国上市公司披露管理层内部控制自我评价报告实质上已经进入到强制阶段，为此，公司内部控制质量高的管理层有动机自愿聘请独立审计师进行内部控制审计，向市场有效发送自身内部控制质量高水平的积极信号，从而表明自身的品质类型，达到将其自身从"柠檬市场"分离出来的目的，以期得到外部投资者的青睐和奖励。

信号显示理论认为，有效的信号显示工具必须满足两个重要条件：一是可选择性，二是不易模仿性。前者是指被用作信号的行为必须具有非强制性的特点，后者则表明对于高质量公司而言，发送该信号的成本比低质量公司更为低廉（林斌、饶静，2009）。如前文述及，现阶段我国内部控制审计及其披露尚处于自愿阶段，故此符合作为信号的第一个条件。其次，相对于不披露内部控制信息或只披露内部控制评价报告的公司来说，自愿披露内部控制审计报告的公司一方面要为内部控制审计付出相对更高的成本（即显性成本），另一方面内部控制审计报告的披露同时增加了公司自身以及为其提供审计服务的会计事务所的法律风险，更易发生诉讼成本等或有损失，这是自愿披露内部控制审计报告的隐性成本，其风险大小直接与内部控制质量相挂钩。而对于内部控制质量较低的公司来说，由于自身内部控制建设中存在问题较多，甚至存在重大内部控制缺陷，聘请独立审计师对其内部控制有效性进行审计，一方面获得负面审计意见（即非标准无保留意见）的可能性较大，且信息披露后可能会面临来自监管部门更大的压力和投资者给予的定价惩罚，这必然使得自身内部控制较差的公司望而却步。因此，在自愿性阶段，内部

控制审计及其信息披露可以作为上市公司释放其内部控制有效性的积极信号。

这样通过两类公司的自我选择（self – selection）行为，使市场的预期得到确认，从而实现分离均衡。此时，内部控制质量低的公司不聘请审计师对内部控制有效性进行审计，内部控制质量高的公司主动聘请资本市场认可的独立审计师对内部控制有效性进行审计，资本市场通过观察公司内部控制信息披露程度就能够区分两类不同的公司，同时根据它们不同的信息披露质量要求不同的资本成本。

4

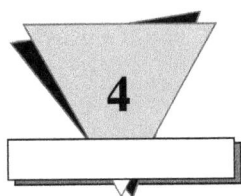

自愿性内部控制审计披露与权益资本成本：主板市场经验证据

在财务经济学理论和资本市场经验分析框架中，权益资本成本意味着投资者通过对公司价值和风险等因素的综合权衡，针对投入该公司的股权资本所要求的期望报酬率。上市公司自愿披露内部控制审计报告能否在我国股票市场发挥信号显示作用？高质量内部控制究竟会对公司的权益资本成本产生怎样的影响？这正是本章所要分析与验证的问题。

4.1 理论分析与研究假设

公司的融资成本会随着信息不对称程度而增加，当公司内部人拥有的私有信息比例越高时，投资者要求的资本回报将越高（Easley et al.，2004；Armstrong et al.，2011）。公司可以通过对私有信息的自愿性披露获取部分竞争优势。在相对集中的市场中，公司之间互相依赖的程度更高，此时公司需要在充分披露信息以吸引投资者和酌情披露信息以规避竞争之间进行权衡。信号显示理论认为自愿性信息披露有利于降低公司的资本成本，提升公司的价值。当公司质量存在差异时，管理者可以通过信号显示行为较为可靠地揭示其公司类型，而无须支付额外的成本（Scott，2006）。内部控制审计报告包含的专有信息比较有限，且作为自愿性披露信息可以向市场发送积极信号，故而成为公司获取竞争优势的手段之一。

内部控制的有效性对于财务报告质量及公司经营风险控制的重要性是不言而喻的。内部控制质量影响权益资本成本有两条作用路径（Feng et al.，2009）：一是高质量内部控制会提高财务报告质量，进而影响投资者面临的信息风险，从而降低公司的权益资本成本（Lambert et al.，2007）；二是高质量内部控制影响公司内部人的真实决策（如管理层侵占和大股东掏空行为），降低公司内部人与外部人的代理成本，从而增加归属于广大股东的现金流，降低公司的经营风险，进而降低上市公司的权益资本成本（Gao，2010）。我国监管法规要求董事会披露年度内部控制自我评估报告。但在缺乏第三方监督的情况下，投资者往往会质疑这些自我评估报告的可信度。根据信号显示理论，高质量的公司更有动机自愿向外界释放公司具备高质量的信号。内部控制质量越高的公司越有可能基于信号传递的意图披露由外部审计师提供的内部控制审计报告（林斌和饶静，2009）。此外，内部控制审计本身也有助于发现公司内部控制存在的问题，帮助公司提高内部控制质量。因此，如果公司

自愿披露了独立第三方（审计师）正面的审计意见，我们应该能够合理地推断该公司的内部控制质量较高。

另一方面，由于生产和披露信息都需要付出成本，且信息生产者和披露者往往出于私利更倾向于披露对自身有利的信息，甚至存在歪曲或隐瞒不利信息的可能，因此，有必要对信息生产者和披露者给予补偿或加以管制，以维持其生产和披露信息的动力（唐跃军等，2008）。独立审计作为一种外部监管机制，能够发现和报告这些行为，充当着信息"质检员"的角色（宋常、挥碧琰，2005）。因此，管理层内部控制自我评价报告作为上市公司向外界披露的信息产品，只有通过独立第三方——外部审计师的审计才能增强其可靠性，而上市公司自愿披露的内部控制审计报告则发挥了信号显示的功能，有利于向外界释放出企业内部控制的真实信号。

因此，内部控制质量高的公司可以将披露正面意见的内部控制审计报告作为一种强有力的信号，向市场传递管理层对内部控制质量的信心，从而正面影响广大股票投资者对公司价值和风险的估计，降低其对权益性投资所要求的期望报酬率（即权益资本成本）。由此提出本章的基本假设：

假设 4 - 1：在控制其他影响因素的前提下，与未披露内部控制审计报告的公司相比，自愿披露正面内部控制审计报告的公司权益资本成本显著较低。

4.2 研究设计

4.2.1 权益资本成本的度量

资本成本是公司利用资本市场筹集资本时，市场（投资者）所要求的期望报酬率。因此，资本成本不是由公司自己决定的，而是由市场"发现"的，是投资者的期望报酬率（郭洪和何丹，2010）。权益资本成本的估算是现代金融学和财务学研究的核心难题之一。理论上的权益资本成本是一种不能被直接观察的事前权益资本成本（ex ante cost of equity capital）。目前，公司财务文献普遍采用的估算方法包括资本资产定价模型（CAPM）、Fama - French 三

因素模型①、股利折现模型（DDM 模型）②、剩余收益价值模型，以及基于剩余收益计量且应用较为广泛的 4 种估价模型，即 Gebhardt，Lee & Swaminathan （2001）提出的 GLS 模型③，Claus & Thomas（2001）提出的 CT 模型，Ohlson & Juettner – Nauroth（2005）提出的 OJN 模型以及 Easton（2004）提出的 PEG 模型。这些估算方法基本上是将股票市场价格和财务分析师的短期与长期盈余预测运用到剩余收益价值模型中，进而计算股票的内涵报酬率。Botosan & Plumlee（2005）通过检验上述模型估计求得的权益资本成本和公司特定风险（例如，市场风险、杠杆比率、信息风险、公司规模和成长能力等）之间的关系对这些模型进行了对比分析，研究发现，由 Easton（2004）提出的 PEG 比率模型相对于其他方法而言更为可靠。此外，在实务工作与理论研究的具体操作中，PEG 模型还具有如下 4 个方面的优点：一是该模型所需数据可以直接取自财务分析师的预测数据；二是该模型不需要对股利支付进行预测，也就对股利政策没有人为的干预，能够突破固定股利支付率对实证研究的限制，从而有助于研究股本溢价和解释个别企业的预期收益和风险；三是该模型并不是在每股的基础上来假定"干净盈余"（clean earnings）；四是该模型易于理解且应用简便可行。④ 因而，Easton（2004）的 PEG 比率模型在测算权益资本成本方面得到了广泛应用（Francis et al.，2005、2008）。

　　Easton & Monahan（2005）研究证实，期望报酬率的可靠性与财务分析师盈利预测的准确性呈显著的正相关关系，即当财务分析师预测精确度比较高时，其预测的长期盈利增长率将成为权益资本成本的可靠估计。囿于数据方面的限制，国内学者对于我国上市公司权益资本成本的估计在很长时间里仍然沿用采用已实现报酬率测算权益资本成本的方法，而没有采用国际上广泛使用的内涵权益资本成本（implied cost of equity capital）估计模型（王敏和夏勇，2011）。随着我国资本市场的发展，近年来越来越多的财务分析师发布了

---

　　① Fama & French（1997）明确指出这两种方法由于根据过去已实现的收益计算风险溢价，从而会导致资本成本估算的精确度不够。

　　② 在实践中，股利支付与否往往是公司的主观行为，未来的股利难以根据既往股利支付情况进行预测，因此股利贴现模型的应用并不尽如人意（Penman，1992）。

　　③ Hail & Lenz（2006）通过实证对比分析发现 GLS 模型相对于其他剩余收益模型得到的权益资本成本最低，指出采用该方法可能会系统性地低估权益资本成本。

　　④ 施继坤，张广宝，马立敏. 基于 PEG 比率的权益资本成本测算与应用 [J]. 辽宁工程技术大学学报：社会科学版，2012（1）：65 – 67.

关于上市公司的盈利预测数据，从而为内涵权益资本成本的估计铺平了道路[①]。鉴于数据资源的可获得性和合理性，考虑到我国上市公司的股利支付不稳定的情况（很多上市公司甚至不派发股利），本书采用计算较为简便的 Easton（2004）PEG 比率模型。其计算公式如下：

$$r_{PEG} = \sqrt{\frac{eps_2 - eps_1}{P_0}} \qquad (4-1)$$

其中：r_{PEG} 是 PEG 比率模型计算得出的事前权益资本成本，p_0 是 t_0 期末的每股价格，eps_1 为财务分析师在 t_0 期末预测的 t_1 期每股盈余，eps_2 为财务分析师在 t_0 期末预测的 t_2 期每股盈余[②]。

4.2.2 模型构建及变量定义

在明确权益资本成本度量方法后，为了检验本章的研究假说，本章构建了如下模型，以考察上市公司自愿披露内部控制审计报告对其权益资本成本可能产生的经济影响：

$$Coe = \beta_0 + \beta_1 ICA + \beta_2 Eg + \beta_3 Beta + \beta_4 Lev + \beta_5 Bm + \beta_6 Liquid + \beta_7 Size +$$
$$\beta_8 State + \beta_9 Ao + \beta_{10} Top10 + \sum Ind_i + \varepsilon \qquad (4-2)$$

1）被解释变量

在模型 4-2 中，被解释变量为 Coe，即采用 Easton（2004）PEG 模型求解的事前权益资本成本，这里为消除不同财务分析师盈利预测偏误的影响，选择预测 eps 的均值作为求解权益资本成本的依据，在后文中笔者用预测 eps 的中值替换预测均值带入 PEG 模型求解进行稳健性检验。

2）解释变量

解释变量为 ICA，表示上市公司是否自愿披露正面意见的内部控制审计报告的哑变量，如果上市公司自愿披露了正面意见的内部控制审计报告，ICA 取值为 1，否则为 0。根据前文的理论分析，如果上市公司自愿披露了正面意见的内部控制审计报告能够发挥信号显示的作用，显著降低上市公司的权益资

---

① 已有研究表明投资者在投资决策时可以利用财务分析师的盈利预测以提高其投资的回报（吴东辉、薛祖云，2005）。本书对盈利预测数据进行长期跟踪分析发现：从盈利预测的时间跨度来看，涵盖了 2004—2015 年的数据；从预测跟踪机构数量来看，最多可达到 15 家。可见，我国财务分析师队伍具备了一定的盈利预测经验，其预测结果可以用于权益资本成本的估算。

② 国内少数学者对 eps_1 和 eps_2 存在一定的误解，将其理解为一年前和两年前预测的每股盈余，这就会造成模型计算的严重误差。

本成本，那么解释变量 *ICA* 的系数符号应该显著为负。

3）控制变量

借鉴陆正飞和叶康涛（2004），汪炜和蒋高峰（2004），黄娟娟和肖珉（2006），曾颖和陆正飞（2006），新夫和陈冬华（2009）以及 Cassell 等（2011）的研究成果，以贝塔系数 *Beta*（系统风险）、资产负债率 *Lev*（财务风险）、账面市值比 *Bm*（破产风险）、预期盈余增长率 *Eg*（成长能力）、股票年换手率 *Liquid*（流动性）、资产自然对数 *Size*（公司规模）、年报审计意见 *Ao* 和审计师声誉 *Top*10 等影响上市公司权益资本成本的因素作为控制变量。此外，本书还对该模型中的行业虚拟变量进行了控制。具体的变量定义与预测符号详见表 4 - 1。

表 4 - 1　变量名称与定义

变量性质	变量标识	变量名称	变量定义	预测符号
因变量	*Coe*	权益资本成本	运用 Easton（2004）PEG 模型求解	
解释变量	*ICA*	自愿内控审计	自愿披露正面内控审计报告取值为 1，否则为 0	−
控制变量	*Beta*	系统风险	距年末 24 个月期的市场贝塔系数	+
	Lev	财务风险	年末资产负债率	+
	Bm	破产风险	权益的账面市值比 = *BV/MV*	+
	Eg	成长能力	预期盈余增长率 = （$eps_2 - eps_1$）/eps_1	+
	Liquid	流动性	股票年换手率	−
	State	产权性质	国有产权取值为 1，否则为 0	
	Ao	年报审计意见	财报获得非标审计意见取值为 1，否则为 0	+
	*Top*10	高声誉审计师	会计师事务所国内排名前十取值为 1，否则为 0	
	Size	公司规模	资产的自然对数	?
	Ind_i	行业虚拟变量	按证监会分类标准以农业为参照，控制其余 11 个行业	?

4.2.3　样本选择及数据来源

由于本书研究用到财务分析师盈余预测数据，而专业金融数据库提供分析师预测数据最早始于 2004 年，而深市中小企业板上市公司相对上市时间较

晚，为尽可能保证盈余预测的有效性，本书选取 2008—2012 年沪深主板非金融类上市公司作为研究对象。数据筛选的具体过程如下：

第一，考虑陷入财务危机的公司在监管政策和披露要求上与其他上市公司不同，因此本书剔除在此期间被 ST 的上市公司，以保证样本性质的一致性；

第二，由于研究过程中需要公司 2009—2014 年的财务分析师盈利预测数据，故剔除在此期间盈利预测数据缺失和其他财务数据缺失的上市公司；

第三，由于本研究采用滞后一期的处理方式，故剔除 IPO 当年的上市公司；

第四，由于计算权益资本成本的 PEG 模型要求 $eps_2 - eps_1 > 0$，故剔除 $eps_2 - eps_1 < 0$ 的上市公司；

第五，为消除极端值影响，对 Coe、Eg、Bm、$Liquid$ 和 $Beta$ 主要连续变量指标进行上下 1% 分位数的剔除处理[①]。

本书最终得到 2 570 个公司年样本数据，其中，2008 年 454 个，2009 年 376 个，2010 年 592 个，2011 年 604 个，2012 年 544 个；包括深市主板 830 个，沪市 1 740 个。研究样本中共有 689 个公司/年样本自愿披露了标准无保留意见的内部控制审计报告，占总样本的 26.8%。

上市公司财务数据全部来自于万得（Wind）资讯金融数据库和国泰安（CSMAR）数据查询系统，其中，上市公司每股盈余预测数据来自于 Wind 数据库数据浏览器专栏中的盈利预测子数据库。内部控制审计信息通过阅读上市公司 2007—2011 年财务年报、内部控制自我评价报告和内部控制审计报告等进行手工搜集、整理而获得。审计师声誉来源于中国注册会计师协会网站（www.cicpa.org.cn）会计师事务所综合排名百强信息。

这里运用 SPSS17.0 和 Excel2003 统计分析软件进行数据处理和统计分析。在计量经济学方法运用中，考虑到自愿性披露与资本成本间可能存在的自选择问题，本书对因变量权益资本成本同时采用事前（预期）资本成本，并对自变量与控制变量选取滞后一期的技术方法，相信能够较好地克服可能存在的自选择问题。

---

① 由于 Winsorize 处理不改变样本容量却改变了数据，对极端值的处理缺乏针对性，故本书对极端值采取予以剔除的处理方法。

4.3 实证检验与结果分析

4.3.1 描述性统计与组间差异检验

表 4 - 2 列示了 2008—2012 年全部样本观测值主要连续变量的描述性统计结果。按照是否披露内部控制审计报告 ICA 分组来看，未披露内部控制审计报告的有 1 881 个公司/年样本，披露内部控制审计报告的有 689 个公司/年样本。从表 4 - 2 中不难发现，两组各个变量在极大值、极小值、均值、中位数和标准差上均存在一定差异，其中，权益资本成本 Coe 在未披露内部控制审计报告组（即 ICA = 0）的均值和中位数分别为 0.126 和 0.120，其在披露内部控制审计报告组（即 ICA = 1）的均值和中位数分别为 0.119 和 0.118。由此可见，与未披露内部控制审计报告组的样本上市公司相比，披露内部控制审计报告组上市公司的权益资本成本的均值和中位数都比较低。如表 4 - 3、表 4 - 4、表 4 - 5、表 4 - 6 和表 4 - 7 所示，这里还分别列报了分年度样本观测值主要连续变量的描述性统计结果，也同样发现了年度样本的权益资本成本 Coe 的均值和中位数等指标在按照 ICA 分组间存在的差异，即表现为披露内部控制审计报告组要低于未披露内部控制审计报告组。

表 4 - 2　全样本主要变量描述性统计

ICA 分组	未披露内部控制审计报告组（N = 1 881）				披露内部控制审计报告组（N = 689）			
变量	极小值	极大值	均值	中值	极小值	极大值	均值	中值
Coe	0.032	0.454	0.126	0.120	0.015	0.225	0.119	0.118
Eg	0.027	9.265	0.355	0.270	0.003	6.019	0.314	0.248
Lev	0.017	1.038	0.518	0.531	0.054	0.880	0.529	0.537
Beta	−0.821	2.525	0.936	0.930	−0.627	2.300	0.987	0.990
Size	10.316	27.616	18.928	21.330	10.821	28.136	19.525	21.817
Bm	0.010	1.942	0.355	0.285	0.047	2.976	0.428	0.335
Liquid	0.007	16.602	4.421	3.652	0.139	25.011	5.218	4.238

注：ICA = 1 时，表明上市公司自愿披露内部控制审计报告；ICA = 0 时，表明上市公司未自愿披露内部控制审计报告。

表4-3 2008年主要变量描述性统计

ICA 分组	未披露内部控制审计报告组（N=381）				披露内部控制审计报告组（N=73）			
变量	极小值	极大值	均值	中值	极小值	极大值	均值	中值
Coe	0.062	0.454	0.140	0.130	0.051	0.184	0.121	0.118
Eg	0.039	3.805	0.304	0.250	0.028	0.567	0.219	0.214
Lev	0.054	0.945	0.504	0.508	0.179	0.828	0.511	0.529
Beta	-0.821	2.355	0.711	0.719	-0.627	1.477	0.741	0.710
Size	19.434	27.301	22.059	22.007	20.252	25.962	22.098	21.902
Bm	0.010	1.066	0.218	0.199	0.047	0.657	0.212	0.196
Liquid	0.007	18.446	8.990	9.109	2.581	16.602	8.680	8.581

注：ICA=1时，表明上市公司自愿披露内部控制审计报告；ICA=0时，表明上市公司未自愿披露内部控制审计报告。

表4-4 2009年主要变量描述性统计

ICA 分组	未披露内部控制审计报告组（N=285）				披露内部控制审计报告组（N=91）			
变量	极小值	极大值	均值	中值	极小值	极大值	均值	中值
Coe	0.032	0.331	0.108	0.101	0.017	0.204	0.101	0.098
Eg	0.032	5.896	0.503	0.305	0.012	3.962	0.466	0.281
Lev	0.080	0.876	0.524	0.529	0.071	0.860	0.513	0.507
Beta	0.148	1.810	1.043	1.056	0.130	1.927	1.043	1.027
Size	11.037	18.301	13.385	13.269	11.234	18.793	13.662	13.411
Bm	0.048	1.546	0.328	0.287	0.083	0.833	0.334	0.316
Liquid	0.895	25.011	4.773	4.175	1.346	12.263	4.268	4.208

表4-5 2010年主要变量描述性统计

ICA 分组	未披露内部控制审计报告组（N=435）				披露内部控制审计报告组（N=157）			
变量	极小值	极大值	均值	中值	极小值	极大值	均值	中值
Coe	0.038	0.277	0.112	0.107	0.044	0.202	0.108	0.101
Eg	0.027	3.340	0.338	0.290	0.032	1.164	0.317	0.275
Lev	0.054	0.903	0.524	0.541	0.089	0.840	0.519	0.533
Beta	-0.347	2.212	0.945	0.926	-0.163	2.144	0.964	0.962

续表

ICA 分组	未披露内部控制审计报告组（N = 435）				披露内部控制审计报告组（N = 157）			
变量	极小值	极大值	均值	中值	极小值	极大值	均值	中值
Size	10.316	18.406	13.383	13.311	10.821	18.925	13.624	13.408
Bm	0.056	1.942	0.368	0.290	0.060	2.976	0.398	0.332
Liquid	0.522	8.590	3.259	3.160	0.358	15.721	3.261	2.856

表 4 - 6 2011 年主要变量描述性统计

ICA 分组	未披露内部控制审计报告组（N = 414）				披露内部控制审计报告组（N = 190）			
变量	极小值	极大值	均值	中值	极小值	极大值	均值	中值
Coe	0.071	0.428	0.143	0.133	0.026	0.225	0.135	0.133
Eg	0.042	1.655	0.315	0.262	0.016	6.019	0.307	0.247
Lev	0.017	1.038	0.523	0.536	0.054	0.840	0.538	0.560
Beta	−0.558	2.156	0.939	0.940	−0.298	2.212	0.953	0.933
Size	18.851	27.616	22.488	22.416	19.376	28.136	22.913	22.702
Bm	0.019	1.836	0.347	0.284	0.056	2.976	0.389	0.303
Liquid	0.213	19.292	5.649	5.001	0.194	16.588	5.000	4.647

表 4 - 7 2012 年主要变量描述性统计

ICA 分组	未披露内部控制审计报告组（N = 366）				披露内部控制审计报告组（N = 178）			
变量	极小值	极大值	均值	中值	极小值	极大值	均值	中值
Coe	0.061	0.320	0.125	0.121	0.015	0.188	0.119	0.120
Eg	0.062	9.265	0.355	0.258	0.003	1.718	0.281	0.236
Lev	0.051	0.920	0.516	0.531	0.077	0.880	0.543	0.554
Beta	−0.444	2.525	1.072	1.089	−0.231	2.300	1.113	1.173
Size	19.740	26.950	22.549	22.543	20.410	26.851	23.057	22.849
Bm	0.085	1.599	0.515	0.434	0.132	1.878	0.634	0.558
Liquid	0.342	15.709	3.476	2.891	0.139	12.516	3.158	2.650

为进一步验证被解释变量权益资本成本 Coe 按照 ICA 分组的组间差异的显著性，着重对其进行了全样本组间差异检验，具体包括独立样本 T 检验和

Mann – Whitney U 检验。如表 4 – 8 所示，在独立样本 T 检验中，两组的均值之差为 0.007，且在 1% 水平下显著；在非参数检验 Mann – Whitney U 检验中，两组的中位数之差为 0.002，且也在 1% 水平下显著。上述分组差异检验的结果表明：自愿披露正面意见内部控制审计报告的上市公司，其权益资本成本显著低于未披露内部控制审计报告的上市公司，说明自愿性内部控制鉴证报告能够发挥信号显示的作用，显著降低上市公司的权益资本成本，因而假设 4 – 1 得到了初步验证。

表 4 – 8 全样本组间差异检验

因变量	分组变量		独立样本 T 检验		Mann – Whitney U 检验	
	ICA	N	均值	T 值	中位数	Z 值
Coe	0	1 881	0.126	3.831 ***	0.120	− 2.691 ***
	1	689	0.119	(0.000)	0.118	(0.007)

注：分组变量为 ICA，$ICA = 0$ 时表示上市公司未自愿披露内部控制审计报告，$ICA = 1$ 时表示上市公司自愿披露内部控制审计报告；***表示 1% 水平下显著，括号内为 P 值（双侧渐进显著性）。

4.3.2 相关性分析

表 4 – 9 列报了模型 4 – 2 中各变量相关性检验的结果。这里分别采用 Pearson 和 Spearman 相关分析对全样本除行业哑变量外的其他所有变量进行了分析。结果表明，解释变量 ICA 与被解释变量 Coe 的 Pearson 和 Spearman 相关性系数分别为 − 0.075 和 − 0.053，且均在在 1% 水平下显著负相关，进一步支持了本章的假设 4 – 1。除年报审计意见变量 Ao 和审计师声誉变量 $Top10$ 外，其他控制变量均与权益资本成本变量 Coe 在 1% 水平下显著相关，说明在检验自愿性内部控制审计对权益资本成本的影响时，有必要控制上市公司的这些特征。Ao（年报审计意见）与 Coe（权益资本成本）相关系数不显著的可能原因在于，研究期间上市公司年度财务报告获得会计师事务所出具的标准无保留意见较多，而获得非标准无保留意见的较少。

表 4-9 主要变量相关系数表（Coe）

		Coe	ICA	Eg	Beta	Lev	Size	Bm	Liquid	State	Ao	Top10
Coe	相关系数	1	-0.075**	0.304**	0.125**	0.229**	0.299**	0.098**	-0.098**	-0.114**	-0.001	-0.015
	sig.（双侧）		0.000	0.000	0.000	0.000	0.000	0.000	0.000	0.000	0.958	0.150
ICA	相关系数	-0.053**	1	-0.055**	0.050*	0.029	0.086**	0.110**	-0.095**	0.097**	-0.021	0.046*
	sig.（双侧）	0.007		0.005	0.011	0.139	0.000	0.000	0.000	0.000	0.277	0.020
Eg	相关系数	0.304**	-0.044*	1	0.053**	0.102**	-0.174**	-0.114**	0.068**	-0.126**	-0.003	-0.025
	sig.（双侧）	0.000	0.026		0.007	0.000	0.000	0.000	0.001	0.000	0.896	0.206
Beta	相关系数	0.125**	0.049*	0.070**	1	0.214**	0.112**	0.322**	0.021	0.046*	-0.047*	0.051**
	sig.（双侧）	0.000	0.013	0.000		0.000	0.000	0.000	0.289	0.019	0.016	0.009
Lev	相关系数	0.229**	0.028	0.051*	0.180**	1	0.213**	0.140**	-0.013	0.080**	0.000	0.035
	sig.（双侧）	0.000	0.157	0.010	0.000		0.000	0.000	0.500	0.000	0.997	0.078
Size	相关系数	0.299**	0.058**	-0.114**	0.018	0.098**	1	0.280**	0.016	0.089**	-0.010	0.105**
	sig.（双侧）	0.000	0.003	0.000	0.367	0.000		0.000	0.428	0.000	0.626	0.000
Bm	相关系数	0.098**	0.116**	0.006	0.246**	0.122**	0.183**	1	-0.261**	0.144**	-0.078**	0.154**
	sig.（双侧）	0.000	0.000	0.769	0.000	0.000	0.000		0.000	0.000	0.000	0.000
Liquid	相关系数	-0.098**	-0.087**	0.026	-0.011	-0.010	0.148**	-0.224**	1	-0.044	0.053**	-0.139**
	sig.（双侧）	0.000	0.000	0.183	0.595	0.605	0.000	0.000		0.026	0.007	0.000
State	相关系数	-0.114**	0.097**	-0.034	0.054**	0.076**	0.039*	0.125**	-0.031	1	0.011	0.094**
	sig.（双侧）	0.000	0.000	0.089	0.007	0.000	0.047	0.000	0.122		0.567	0.000

续表

		Coe	ICA	Eg	Beta	Lev	Size	Bm	Liquid	State	Ao	Top10
Ao	相关系数	-0.006	-0.021	-0.015	-0.046*	0.007	0.009	-0.060**	0.048*	0.011	1	-0.028
	sig.(双侧)	0.744	0.277	0.455	0.019	0.720	0.635	0.002	0.014	0.567		0.154
Top10	相关系数	-0.021	0.046*	-0.022	0.037	0.048*	0.058**	0.171**	-0.094**	0.094**	-0.028	1
	sig.(双侧)	0.098	0.020	0.268	0.059	0.015	0.003	0.000	0.000	0.000	0.154	

注：**、*分别表示在置信度（双侧）为1%和5%水平上相关性显著的；表中数据对角线右上角为 Spearman 系数，左下角为 Pearson 系数；样本量为 2 570 个。

4.3.3 多元线性回归分析

为了检验自愿性内部控制审计对权益资本成本的影响，本书以2007—2011年年度财务报告披露时自愿披露正面意见内部控制审计报告的沪深主板上市公司为测试样本，以当年未披露内部控制审计报告的公司为控制样本，检验其下一年度事前权益资本成本是否受自愿性内部控制审计信息披露的影响。多元线性回归结果如表4-10所示，测试变量 ICA 在全样本回归中的系数为 -0.007，且在1%水平下显著。全样本回归结果表明，与未披露内部控制审计报告的公司相比，自愿性披露内部控制审计报告的公司的权益资本成本显著较低，假设4-1得以验证，获得了较为显著的数据支持。

该模型在全样本回归分析中，调整后 R^2 达到了43.12%，说明该模型拟合优度较好，具有较强的可接受解释能力。回归方程的 $D-W$ 值为1.942且方差膨胀因子 VIF 最大值仅为1.230，表明该模型基本不存在严重的自相关问题和多重共线性问题。

表4-10 全样本多元线性回归结果（Coe）

变量	系数	T值	P值	VIF值
常量	0.033	7.935***	0.000	
ICA	-0.007	-4.390***	0.000	1.030
Eg	0.033	18.277***	0.000	1.033
$Beta$	0.006	3.832***	0.000	1.102
Lev	0.044	10.350***	0.000	1.058
Bm	0.006	2.106**	0.035	1.230
$Liquid$	-0.001	-2.146**	0.032	1.122
$Size$	0.003	17.689***	0.000	1.108
$State$	-0.012	-7.223***	0.000	1.037
Ao	-0.002	-0.183	0.855	1.008
$Top10$	-0.003	-1.758*	0.079	1.044
Ind_i	控制			

变量	系数	T 值	P 值	VIF 值
$Adj. R^2$	43.12%			
F 值	85.428			
$D-W$ 值	1.942			
样本量	2 570			

注：回归因变量为 Coe（权益资本成本）；＊＊＊、＊＊和＊分别表示在1%、5%和10%水平上显著的。

控制变量中，除年报审计意见变量 Ao 外，其他变量均与被解释变量 Coe 显著相关，且与本书的预期符号方向基本一致。

其中，Eg 在回归等式中的系数为 0.033 且在 1% 水平下显著，表明上市公司成长能力越强，融资需求越大，权益资本成本越高；

$Beta$ 系数反映了公司股票相对于市场的系统性风险，其回归系数为 0.006 且在 1% 水平下显著，表明上市公司在资本市场中面临的系统风险越大，投资者要求的预期最低报酬率就越高，其权益资本成本也就越高；

Lev 代表上市公司的财务风险，其回归系数为 0.044 且在 1% 水平下显著，表明上市公司财务风险越大，权益资本成本越高；

Bm 是反映股市投资者对该公司市场前景预期的一个风险因素，其回归系数为 0.006 且在 5% 水平下显著，表明上市公司破产风险越大，权益资本成本越高；

$Liquid$ 是股票流动性，其回归系数为 -0.001 且在 5% 水平下显著，表明股票流动性越高，其交易成本就会下降，进而降低其权益资本成本；

$State$ 为产权性质，回归系数为 -0.012 且在 1% 水平下显著，表明越是国有上市公司发行的股票，其权益资本成本越低。

以上控制变量的回归结果与此前的相关研究（陆正飞、叶康涛，2004；汪炜、蒋高峰，2004；黄娟娟、肖珉，2006；曾颖、陆正飞，2006；Cassell et al.，2011）也很吻合。对于公司规模 $Size$ 来说，其回归系数显著为正，表明上市公司规模越大权益资本成本越高，这与国外学者均普遍认为规模较大的公司更容易受到政府部门和新闻媒体的监管和关注，可以缓解信息不对称，

从而降低其权益资本成本的观点并不一致，但支持了国内相关研究（如汪冬华和俞晓雯，2011）的经验证据。

非参数检验和多元回归结果均表明，如果上市公司上一年度自愿披露了标准无保留意见的内部控制审计报告，即公司董事会和外部审计师都认为公司内部控制是高质量的，就会正面影响股票市场投资者对公司价值和风险的估计，降低其对权益性投资所要求的期望报酬率，即降低该公司的权益资本成本。

4.4　稳健性检验

为了使本章的研究结果更为稳健（robust），本研究进行了如下 3 个方面的检验：

（1）已有研究认为采用分析师预测值的中位数能提供更为准确的预测（Gu and Wu，2003），据此本研究又采用财务分析师预测每股收益的中位数代替预测均值带入 PEG 模型，将再次计算出来的权益资本成本带入模型中重新进行回归分析，研究结论没有实质性变化。如表 4 - 11 所示，ICA 的回归系数为 - 0.005，且仍在 1% 水平下显著，表明上市公司可以借助自愿披露内部控制审计报告作为信号显示行为，显著降低其权益资本成本，因而本章的研究假设 4 - 1 得到了进一步支持。

（2）尽管在全样本回归中本研究考虑了行业差异可能对本书的结论产生影响，但从样本构成来看，制造业公司占样本总体的比例达到 56% 以上，因此本研究将样本进一步限定为制造业公司重新检验了假设 4 - 1，主要研究结论基本不变。如表 4 - 12 所示，ICA 的回归系数上升为 - 0.010，且在 1% 水平下显著，因而假设 4 - 1 在该样本组回归中甚至得到了强化。

（3）为了排除各年宏观环境变化对本书研究结论的干扰，本书对全样本数据进行了分年度回归分析，研究结论与本书预期的基本一致。如表 4 - 13 所示，针对 2008 年样本进行的回归分析，发现 ICA 的系数为 - 0.012，且在 5% 水平下显著；针对 2009 年样本进行的回归分析，ICA 的系数为 - 0.004，且也在 5% 水平下显著；在 2010 年样本回归分析中，ICA 的系数也为 - 0.004，且达到了 10% 水平下显著；在针对 2011 年和 2012 年的样本进行的回归分析

中，ICA 系数分别为 -0.007 和 -0.006，且均在 5% 水平下显著。各年度回归方程的调整后 R^2 分别达到了 25.70%、35.80%、44.70%、21.20% 和 24.10%，说明模型拟合优度较好，具有较强的可接受解释能力。上述回归结果表明，尽管各年度公司样本统计的显著性水平、模型的拟合优度等略有差别，但解释变量均通过了显著性水平测试，且回归系数的符号与预期方向一致。

通过上述 3 种方式的检验可以看出，本书的研究结论是比较稳健的。

表 4 – 11　稳健性检验一

变量	系数	T 值	P 值	VIF 值
常量	0.030	6.527***	0.000	
ICA	-0.005	-2.964***	0.003	1.031
Eg	0.020	10.400***	0.000	1.031
$Beta$	0.006	3.342***	0.001	1.106
Lev	0.049	10.637***	0.000	1.062
Bm	0.005	1.701*	0.089	1.232
$Liquid$	-0.000	-1.800*	-0.072	1.121
$Size$	0.003	17.926***	0.000	1.108
$State$	-0.016	-8.897***	0.000	1.037
Ao	-0.004	-0.463	0.644	1.008
$Top10$	-0.002	-1.461	0.144	1.044
Ind_i	控制			
$Adj.\ R^2$	22.80%			
F 值	67.069			
$D-W$ 值	1.921			
样本量	2 465[a]			

注：回归因变量为采用每股盈余预测中位数求解的权益资本成本（Coe）；***、**和*分别表示在1%、5%和10%水平上显著的；a表示剔除每股盈余预测中值缺失或 $eps_2 - eps_1 < 0$ 的数据后的样本个数。

表4－12　稳健性检验二

变量	系数	T 值	P 值	VIF 值
常量	0.050	9.299 * * *	0.000	
ICA	− 0.010	− 4.351 * * *	0.000	1.020
Eg	0.021	10.296 * * *	0.000	1.029
Beta	0.004	1.896 *	0.097	1.198
Lev	0.030	4.678 * * *	0.000	1.141
Bm	0.008	2.153 * *	0.031	1.244
Liquid	− 0.000	− 1.702 *	0.088	1.065
Size	0.003	12.329 * * *	0.000	1.092
State	− 0.008	− 3.447 * * *	0.001	1.040
Ao	− 0.007	− 0.542	0.588	1.006
Top10	− 0.002	− 1.114	0.265	1.057
Adj. R^2	19.9%			
F 值	34.277			
D － W 值	1.915			
样本量	1 394[b]			

注：回归因变量为盈余预测中值计算的 Coe（权益资本成本）；* * *、* * 和 * 分别表示在1%、5%和10%水平上显著的；b 表示仅限于制造业的样本个数。

表4－13　稳健性检验三

变量	2008 年		2009 年		2010 年		2011 年		2012 年	
	系数	T 值	系数	T 值	系数	T 值	系数	T 值	系数	T 值
常量	− 0.007	− 0.137	0.051	2.280 * *	0.016	0.978	0.093	2.345 **	0.013	0.398
ICA	− 0.012	− 2.230 **	− 0.004	− 2.179 **	− 0.004	− 1.897 *	− 0.007	− 2.004 **	− 0.006	− 2.205 **
Eg	0.074	9.494 ***	0.033	11.847 ***	0.071	15.262 ***	0.046	8.349 ***	0.014	5.232 ***
Beta	0.013	2.251 **	0.013	2.149 **	0.015	5.482 ***	0.020	5.038 ***	− 0.001	− 2.222 **
Lev	0.056	4.321 ***	0.034	3.022 ***	0.039	5.721 ***	0.053	5.293 ***	0.029	3.454 ***
Bm	− 0.016	− 0.898	0.031	2.985 ***	0.026	5.561 ***	0.011	1.960 *	0.007	1.897 *
Liquid	0.000	− 0.608	0.000	− 0.530	− 0.003	− 2.978 ***	− 0.001	− 1.841 *	0.001	1.179
Size	0.005	2.029 **	0.000	− 0.155	0.003	2.419 **	0.000	0.040	0.004	2.738 ***

续表

	2008 年		2009 年		2010 年		2011 年		2012 年	
$State$	-0.018	-4.039 ***	-0.004	-3.850 ***	-0.009	-3.563 ***	-0.015	-3.838 ***	-0.016	-5.434 ***
Ao	-0.004	-0.224	0.012	0.339	0.001	0.088	-0.008	-0.515	0.034	1.113
$Top10$	-0.004	-0.874	0.004	0.975	-0.005	-2.180 **	-0.002	-0.487	0.000	-0.002
Ind_i	控制		控制		控制		控制		控制	
$Adj. R^2$	25.70%		35.80%		44.70%		21.20%		24.10%	
F 值	15.228		20.051		44.469		15.713		17.709	
$D-W$ 值	2.091		2.121		2.018		1.990		1.964	
样本量	454		376		592		604		544	

注：回归因变量为采用每股盈余预测均值求解的权益资本成本（Coe）；＊＊＊、＊＊和＊分别表示在 1%、5% 和 10% 水平下显著。

4.5　本章小结

本章立足于自愿披露内部控制审计报告的市场反应，以 2008—2012 年间我国沪深 A 股主板非金融类上市公司为研究样本，与既有文献单纯采用事后实际数据测算资本成本不同的是，采用分析师盈利预测数据并运用 Easton（2004）的 PEG 模型测算权益资本成本，检验在我国资本市场信息披露环境下上市公司自愿性内部控制审计是否会对权益资本成本产生影响。

本章通过理论分析提出基本研究假设，在随后的研究设计中，首先明确了采用 PEG 模型测算权益资本成本的具体方法及其理由，而后根据现有研究构建了多元线性回归模型。通过描述性统计、组间差异比较、相关性分析以及多元线性回归分析，列报了实证检验的具体结果。经验研究结果表明：上市公司自愿披露正面意见的内部控制审计报告能够向市场发送公司内部控制有效和信息质量可靠的积极信号，进而影响股票投资者对上市公司信息风险和经营风险的综合判断，会对公司的价值和风险做出相对乐观的估计，从而降低上市公司的权益资本成本。

5

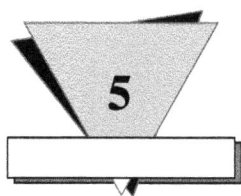

自愿性内部控制审计披露与债券融资成本：一级市场经验证据

5.1　问题的提出

债券市场是资本市场的重要组成部分，在我国从计划经济向社会主义市场经济过渡的进程中逐渐形成和发展壮大。债券市场的产品构成，早期以政府和准政府信用债券为主，近年来则呈现政府债券和公司信用债券共同发展的局面。2007 年 8 月 14 日，中国证监会正式发布了《公司债券发行试点办法》，允许沪、深两市上市公司及发行境外上市外资股的境内股份有限公司（试点）发行公司债券，并明确了公司债券的发行条件，标志着我国公司债券市场正式启航。目前，公司债券已经成为上市公司优化债务结构、降低财务费用、取得长期发展资金的新型融资工具。公司债券市场的发展，有利于上市公司拓展融资渠道、降低依赖银行贷款带来的财务风险，对发挥市场在社会资源分配中的基础性作用做出了积极的贡献。

大力发展公司债券是当前金融改革的热点问题，提高公司债券融资在直接融资中的比重是我国债券市场发展的一项战略目标[①]，而公司债券的合理定价是决定公司债券市场发展的核心问题。公司债券发行询价对象是配售股东及网下机构投资者，其发行定价反映了一级市场对债券的估值水平，从公司的角度来说则反映了上市公司的债务融资成本。

美国等发达国家债券市场建立较早，发展相对成熟。因此，有关公司债券定价问题的研究，无论是在理论模型构建还是实证检验方面都比较领先。在理论模型构建方面，公司债券定价通常包括结构模型（structural models）和简化模型（reduced form models）两种方法。结构模型以 Merton（1974）为代表，在 Black & Scholes（1973）提出的期权定价模型的基础上构建了利率期限风险结构模型，为公司债券定价提供了一个理论框架，但该模型通常会低估观察到的违约利差（这一现象就是所谓的"信用利差之谜"）。此后，许多学者探索拓展这一模型试图提高其对信用利差的预测能力，主要包括引入债券契约条款、信用风险、流动性、税收和宏观因素等。债券发行特征是影响公司债券定价的基础性因素，大量研究表明债券发行特征会显著影响公司

---

① 2012 年 1 月 10 日，中国证监会主席郭树清在全国证券期货工作会议上强调指出："要显著提高公司类债券融资在直接融资中的比重，努力推动资本市场的结构调整和能力提升。"

债券的定价行为（Black and Cox，1976；Bonfim，2009；Qi，Liu and Wu，2010）。相比之下，简化模型考虑了非流动性和系统性信用风险，能够更好地拟合观察到的违约利差（Campbell and Taksler，2003）。简化模型也称为违约强度模型（default intensity mode1s），由 Jarrow & Turnbull（1995）最早提出，认为违约强度过程可能依赖外生的宏观状态变量，也可受到其他公司违约的"传染"。Duffie & Lando（2001）的模型表明，在不完全信息环境下，当公司预期未来现金流价值（即公司价值）不可完全观察到时，就会增大真实公司价值实际上接近违约边界的概率。

在实证检验方面，借鉴 Ziebart & Reiter（1992）和 Shi（2003）的做法，Mansi 等（2011）利用美国 1984—2004 年间 904 家上市公司发行的公司债数据，采用债券信用利差来捕捉债务初始发行成本，探讨了财务分析师预测特征对信用利差的影响。研究发现，分析师预测活动降低了公司债券信用利差，尤其对那些信息不对称较为严重的公司来说更为显著。Jiang（2008）调查研究了突破 3 种盈余基准是否以及如何影响公司债务成本，采用信用评级和初始债券信用利差作为公司债定价的依据。结果表明，公司突破盈余基准会获得更好的信用评级和更低的信用利差。Sánchez – Ballesta & Garcia – Meca（2011）以西班牙上市公司为样本，研究了产权性质和股东身份对债券发行成本的影响，发现政府持股的公司有更低的债券发行成本（即信用利差），也就是说投资者对其定价更高。由此推断国家/政府持股会带来隐性的债务担保，进而降低公司债的成本。而 Boubakri & Ghouma（2010）以西欧和东亚 19 个国家或地区的公司债券为研究对象，却没有发现国家/政府控制对债券信用利差或评级产生任何影响。可见，国外有关产权性质对公司债券定价影响的研究结论并不一致。

由于我国资本市场起步较晚，一直以来银行贷款都是我国公司最重要的债务融资方式。所以学界对债务契约展开的相关研究主要集中在对银行信贷契约的研究，对债券契约尤其是公司债券的相关研究更是凤毛麟角。倪铮、魏山巍（2006）针对我国公司债务融资的现状，指出政府融资系统是公司债券市场发展相对滞后的根本原因，即在资金融通和分配过程中，政府仍占有绝对的支配地位，在多方面限制和阻碍了公司债券融资渠道。王国刚（2007）也指出，企业债券实质上是政府债券，而非公司债券，要发展公司债券市场，必须将公司债券与企业债券相分立，形成不同的制度体系、运作机制和监管

体系。

　　一些国内学者尝试运用实证方法研究公司债的相关问题。高强、邹恒甫（2010）研究和比较了企业债券和公司债券在历史价格、无风险利率、宏观经济、公司基本面和利息支付等方面的信息有效性，通过寻求债券回报率的预测因素来揭示市场有效程度。研究发现：企业债券和公司债券的有效性整体上都比较低，但相比之下，公司债券的信息有效性全面地高于企业债券。付雷鸣等（2010）以2007年8月至2009年8月发行公司债的31个样本公司为研究对象，运用事件研究法考察了这些公司发行公司债是否能够产生公告效应。结果表明，在事件窗口期内，公司债发行会产生负的公告效应，但在公告发布前的累积超额收益率（CAR）为正，在公告发布后的累积超额收益率（CAR）为负。何平、金梦（2010）利用2007—2009年间发行的企业债或公司债数据，构建"真实利息成本（TIC）"回归模型，以信用评级和其他相关因素作为解释变量对债券的真实利息成本（TIC）进行多元线性回归，着重分析信用评价对债券发行成本的影响，研究发现信用评级对发行成本具有解释力，但他们将企业债券和公司债券纳入同一定价框架中进行研究的做法值得商榷，故其结论尚难令人信服。

　　由此可见，目前我国鲜有学者专门针对公司债券定价问题开展实证研究。公司债券的初始定价对于二级市场流通定价具有重大的指导意义。那么，在网下询价过程中，机构投资者关注的公司债券定价影响因素有哪些？公司债券是否如设计之初所预期，能够真正发挥市场的定价作用？在我国特有的制度背景下，发债公司自身的信息质量和产权性质是否会影响公司债券的初始定价？如果存在影响，二者的作用机理如何？这些都是值得深入研究和探讨的重要问题。基于我国公司债券的发行条件和一级市场的现实情况，本书将上市公司自愿披露内部控制审计报告作为信息质量的代理变量，从信息质量的角度考察上市公司自愿性内部控制审计披露对其公司债初始发行成本的影响，并将二者的关系嵌入到产权制度环境中，进一步探讨产权性质对上市公司自愿披露的信号显示效果的可能影响。

5.2　理论分析与研究假设

　　信息对于资本市场至关重要，它引导价格的形成，并通过价格引导资源

配置（Kothari 等，2005）。会计信息是公司契约各方与资本市场联系的桥梁和纽带。现有理论和经验研究都已表明信息质量的提高有助于降低上市公司的股权融资成本（Leuz and Verrecchia，2005；Botosan 等，2004；Francis，La Fond，and Schipper，2005），从而提高股票的市场定价。财务信息是债权人用来评价公司健康状况和生存能力的一条重要而通行的标准。公司一旦违反了这些以会计数字为基础的标准，债券投资者就会要求更高的风险溢价，而且作为优先求偿人的债权人有权进行清偿项目或重新就借款契约进行谈判（DeFond and Jiambalvo，1994）。因此，经理人员可能有动机去发布误导性的财务报告以隐瞒负面消息，从而攫取个人私利或潜在的股东收益（Dechow 等，1996）。

在债券市场上，债权人高度重视信息质量以遏制管理层操纵这些报告的动机。正如 Ashbaugh - Skaife 等（2006）所主张的，拥有良好信息环境的公司会让资本市场参与者做出对公司真实价值更为准确的估计，高质量信息能够降低债券投资者面临的信息风险，因此会产生一定的信息增量作用（于李胜、王艳艳、陈泽云，2008）。Amir 等（2010）认为投资者对上市公司债券的定价会考虑信息质量和审计师监管的强度，更好的披露和监管会带来更高的估值。这是因为二者能够降低上市公司与资本市场投资者间的信息不对称，从而有利于投资者更准确地估计公司的未来现金流，降低投资决策的信息风险。由此可见，上市公司自身的财务信息质量对公司债定价具有直接的作用路径，对此将在下文中通过路径分析加以检验。

学术界采用多种方法来度量信息质量，综合考虑我国公司债券发行条件和内部控制自愿披露的制度背景，本书认为上市公司自愿披露正面意见的内部控制审计报告是高信息质量的一种合理可行的代理变量（详见变量定义与说明）。上市公司自愿披露内部控制审计报告的行为在某种程度上会影响公司的信息结构，有利于投资者做出正确的投资判断，其向网下投资者市场传递的积极信息应该会对公司债券的定价产生重要影响。据此，本书提出如下研究假设：

假设 5 - 1：在其他条件不变的情况下，与低信息质量公司相比，高信息质量公司发行的公司债券具有较低的信用利差，即自愿披露内部控制审计报告的上市公司比未披露公司具有较低的债券初始发行成本。

长期以来，国有经济在我国国民经济中占据主导地位，这是由我国特殊

的公有制背景所决定的。政府控股的公司通常为关系国计民生的重要产业和垄断行业的大型公司，它们普遍承担着战略性和社会性两方面的政策负担，前者是指投资于我国不具备比较优势的资本密集型产业或产业区段所形成的负担，后者是指安排就业、稳定物价等社会职能而形成的负担（林毅夫、李志赟，2004）。而当这些公司陷入困境的时候更容易得到政府的多方救济，作为其履行政策性负担的补偿。所有权结构也决定了国家必须承担这些公司经营失败的责任。Kornai（1986）将这种现象称为国有公司的"预算软约束"①。此外，由于我国证券市场的建立和发展更多依赖国家行政干预而非市场机制，在实践中，证券资本市场一度成为国有公司融资、解困的工具。

英国古典经济学家约翰·穆勒（1991）指出，信用是资本运用的必要条件，是市场经济最重要的道德支柱。在经济转型时期，我国逐渐形成了一个以中央政府为核心的政府隐性担保体系（卢文鹏、尹晨，2004），其中就包括政府以国家信用对国有公司承担的隐性担保。政府在中国股市中的重大影响和深度干预是人所共知的，中国股市独特的制度变迁路径和基础环境确立了政府的隐性担保人角色（叶德磊，2006）。同样，在我国政府主导下的债券市场中，政府是债券市场规则的制定者，是债券产品创新的推动者，是债券市场的监管者，而又通过控股国企转身成为债券市场的参与者。高度的政府信用可以强化投资者的信心，降低债务契约履约的不确定性，从而降低交易费用。因此，国有公司可以轻而易举地凭靠产权性质"借得"信用声誉，政府成为其发行的公司债券的隐性担保人。一旦发生因经营不善等原因导致的债券到期无力偿还的情况，政府很可能会为其"输血"乃至"埋单"。

一方面，产权性质作为上市公司的一个外显特征，能够直接为投资者所感知，从而正面引导投资者对其发行公司债券的违约风险水平做出乐观估计，使债券投资者相信，因其享有政府提供的隐性担保，国有上市公司发生债券到期违约的概率更低，因而受到广大投资者的"青睐"，在定价上会被要求更低的风险补偿率，其债券初始发行的信用利差也就更低。而相比之下，民营公司尽管是中国经济发展的重要力量，但一直以来由于缺乏政府的政策支持和隐性担保，公司的融资需求难以得到满足（祝继高、陆正飞，2011），且融

---

① 国有企业一旦发生亏损，政府常常通过追加投资、增加贷款、减少税收或提供财政补贴等方式加以扶持。

资成本也相对较高。这是产权性质作为公司外显特征影响投资者对债券定价的直接作用路径。

另一方面，大多数市场参与者都会依赖商业评级机构出具的信用评级来判断公司债券的违约风险水平。债券信用评级是基于对发行人主体信用评级的考察结合拟发行公司债券本身的保障条款和保障措施而实施的信用评级。政府直接控股的公司通常会获得较高的主体信用评级，从而使其发行的公司债券也同样获得较高的信用评级。因此，产权性质通过影响评级机构对公司债券的信用评级来影响广大投资者对债券违约概率的判断，从而影响债券投资者对公司债券的定价，即借助政府隐性担保提高其公司债券信用评级（credit rating）的国有上市公司能够使投资者相信该类债券具有较低水平的违约风险（Borisova and Megginson，2011），从而要求较低的信用利差。这就形成了产权性质对公司债定价影响的间接作用路径。

通过上述分析可知，产权性质会影响公司债券的定价，其作用机制可以分为直接影响效应和间接影响效应两条路径，对此也将在下文中运用路径分析方法加以检验。根据以上分析，本书提出研究假设5-2：

假设5-2：在其他条件不变的情况下，与非国有上市公司相比，国有上市公司发行的公司债券具有较低的信用利差。

5.3 研究设计

5.3.1 债券融资成本的度量

金融产品定价通常体现为该产品的期望收益率。由传统的风险定价理论可知，公司债券定价包括无风险收益率和风险收益率两个部分。无风险收益率通常指国债收益率，而风险收益率即投资者要求的风险补偿率，通常称之为信用利差。公司债券的价格表现及其在一定时期内的投资表现往往取决于信用利差的变化情况。公司债券的风险越高，投资者要求的信用利差越高，反之，投资者要求的信用利差就越低。本书将采用信用利差来度量公司债券的定价水平。影响信用利差的因素按照风险来源可以进一步分解为违约风险（或称为信用风险）、预期流动性风险和宏观环境波动风险等（Fabozzi and Modigliani，2010），而影响各风险因素的主体既涉及上市公司特征及其债券发

行特征等微观因素，也包括外部环境变化等宏观因素（Boubakri and Ghouma, 2010），这构成了研究信用利差影响因素的基本分析框架。基于这一分析框架和我国特有的制度背景，本书将研究视角定位于公司债券的一级市场，重点考察上市公司特征中的产权性质和信息质量对公司债券初始定价的作用机理和影响效果。

5.3.2　样本选择和数据来源

在我国，企业债券不同于公司债券。澄清这一问题，有利于明确研究定位和恰当选取样本。企业债券的发行定价主要是由主承销商协助发行主体根据目前市场供求情况、信用等级、风险程度等各方面因素确定发行利率，并上报国家发改委和中国人民银行进行核准。公司债券的发行定价过程与企业债券相类似，但在基准利率的选择、票面利率范围的确定、发债信用等级要求、报审及监管机构等方面都存在一定差异，如表5－1所示。与企业债券定价相比，公司债券定价过程中使用的基准利率并不受限，一般可以采用同期限的无风险债券（如国债）收益率作为基准利率，再加上一定的风险溢价，更能体现出发行主体的实际运营情况。可见，公司债券的发行定价过程更符合市场化要求。因此，在研究债券定价影响因素问题时，将二者同时纳入样本中进行研究的做法既不合理，也不科学。

表5－1　企业债券和公司债券对比分析

	企业债券	公司债券
法律法规	《公司法》《证券法》《企业债券管理条例》《关于推进企业债券市场发展、简化发行核准程序有关事项的通知》	《公司法》《证券法》《公司债券发行试点办法》《公开发行证券的企业信息披露内容与格式准则第23号——公开发行公司债券募集说明书》《公开发行证券的企业信息披露内容与格式准则第24号——公开发行公司债券申请文件》
监管机构	国家发改委	中国证监会
发行人	中央政府部门所属机构、国有独资公司或国有控股公司等大型国有机构	沪深所上市公司及发行境外上市外资股的境内股份有限公司（试点）

续表

	企业债券	公司债券
定价主体	发行人、主承销商、机构投资者	发行人、主承销商、机构投资者
票面利率	上限：不得高于银行同期定期存款利率40%；下限：一般不低于银行同期定期存款利率	上限：无 下限：无
基准利率	一年期 SHIBOR 利率①	同期无风险债券收益率（国债利率）
发行期限	1 年以上，一般 5～10 年	1 年以上，一般 3～7 年
信用评级	要求较高，一般为 AAA	要求较低，一般在 AA－以上即可
参考价格	近期市场已发行同类债券的发行价格	近期市场已发行同类债券的发行价格
定价方式	由主承销商协助发行人确定发行利率区间，在利率区间范围内向银行机构投资者询价，通过招投标结果确定最终发行价格	由主承销商协助发行人确定发行利率区间，在发行利率区间内向需要配售的上市公司股东、网下机构投资者询价并确定发行价格
流通市场	银行间市场/沪深交易所	沪深交易所

资料来源：根据企业债券和公司债券相关法律法规整理。

基于此，本书选取 2007—2011 年在交易所间市场（上海证券交易所和深圳证券交易所）发行的公司债券作为研究样本，并按照如下标准进行筛选：

（1）由于公司债券的发行人包括沪、深两市上市公司及发行境外上市外资股的境内股份有限公司，根据研究需要和样本的可比性，剔除非上市公司发行的公司债券 15 只；

（2）由于模型中多数变量需要用到其上一年的年报财务数据和其他披露信息，故剔除上市公司 IPO 当年发行的公司债券，如华锐风电科技（集团）股份有限公司，其股票上市时间为 2011 年 1 月 13 日，同年发行"11 华锐01"和"11 华锐02"两只债券；

---

① 上海银行间同业拆放利率（Shanghai Interbank Offered Rate，简称 SHIBOR），以位于上海的全国银行间同业拆借中心为技术平台计算、发布并命名，是由信用等级较高的银行组成报价团自主报出的人民币同业拆出利率计算确定的算术平均利率，是单利、无担保、批发性利率。目前，对社会公布的 SHIBOR 品种包括隔夜、1 周、2 周、1 个月、3 个月、6 个月、9 个月及 1 年。

（3）在债券契约特殊条款中，75 只债券约定"回售"、2 只约定"赎回"、1 只约定"提前偿付"，为保证样本的清洁，本书将约定"赎回"和"提前偿付"条款的 3 只债券予以剔除。

最终样本涉及 133 家上市公司发行的 150 只公司债券，其中，2007 年 5 只，2008 年 14 只，2009 年 34 只，2010 年 23 只，2011 年 74 只；发行总额依次分别为 112 亿元、277 亿元、475.4 亿元、443 亿元和 1 137.3 亿元，直观变动趋势具体如图 5 - 1 所示。

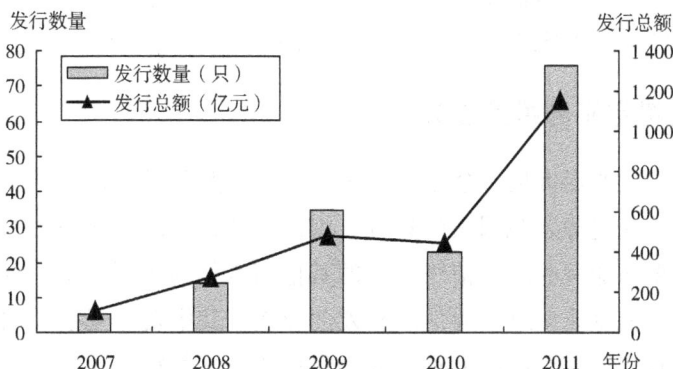

图 5 - 1　样本公司债券各年发行数量和总额趋势分析

从图 5 - 1 中可以看到，2007—2011 年间样本公司债券发行数量和总额总体上呈现上升趋势，尤其是 2011 年更是呈现"井喷"态势①。从发债公司的产权性质来看，国有上市公司发行的公司债券有 109 只，其中，对应公司自愿披露内部控制审计报告的有 39 只，占比为 35.8%；非国有上市公司发行的公司债券有 41 只，其中，对应公司自愿披露内部控制审计报告的有 12 只，占比为 29.3%。可见，公司债券样本对应其国有和非国有产权性质而言，自愿披露内部控制审计报告所占的比例不存在显著的系统性差异。

---

① 2010 年底，鉴于后危机时代全球经济回暖和上市公司融资的迫切需要，证监会组织召开公司债发展研讨会，研究确定了债券发行监管改革思路，并于 2011 年在上市发行公司债中试点实施"绿色通道"制度，成立了独立于股权融资审核的债券融资审核部门，并采取分类简化程序：第一类，本期债券评级达到 AAA；第二类，本期债券期限小于 3 年，而且债券评级在 AA 以上；第三类，公司净资产达到 100 亿元以上；第四类，在交易所申请固定收益平台，向机构投资者发行。满足这 4 种情况之一的实行简易审核程序，原则上在申报后 1 个月内核准。这些举措大大助推了 2011 年成为公司债发行的井喷之年。

研究所需的公司债券发行数据和上市公司财务数据均来自于 Wind 数据库，为保证数据的可靠性，本研究利用中国债券信息网、上海证券交易所网站和深圳证券交易所网站公布的公司债信息对样本数据进行了抽样核对。上市公司内部控制审计报告等信息是通过阅读上市公司 2006①—2010 年的年度财务报告进行手工搜集、整理而获得。在整合不同来源的数据资料时，本书采取滞后一期的方法，确保本研究收集到债券信用利差数据日期前，其他变量数据能够被投资者所获悉，即第 t 年的债券信用利差与第 $t-1$ 期的上市公司财务数据和相关披露信息相匹配，以减轻可能的内生性问题。本研究分别采用 AMOS17.0、SPSS17.0 和 STATA11.0 进行路径分析与多元统计分析。

5.3.3 变量定义与模型设计

由于公司债券定价是一个综合考虑上市公司及其发行债券特征等微观因素和外部环境变化等宏观因素的过程，因此，结合我国目前公司债券的发行条件，有必要添加一些影响信用利差的其他因素作为控制变量，以便综合研究产权性质和信息质量对债券信用利差的影响，其中发行规模和回售条款均属于债券发行特征，盈利能力和行业变量属于公司特征，而年份则控制宏观经济波动的影响。

1）信用利差（*Spread*）

考虑到我国公司债券定价时的基准利率为同期无风险债券收益率（以国债利率来度量），则公司债的发行定价公式可以简化为：

$$发行价格（即票面利率）= 无风险债券利率（国债利率）+ 信用利差 \qquad (5-1)$$

如前所述，信用利差能够很好地反映债券定价对投资者的风险补偿程度，体现债券本身的投资价值。因此说，信用利差是定价模型中的关键要素，故可以理解为影响信用利差的因素也是决定债券发行价格的关键因素。由式（5-1）可知，公司债券的信用利差 *Spread* 可以通过债券票面利率（*Yield*）与同期可比的国债收益率（*TrsYTM*）之间的百分点差额求得。

2）信息质量（*ICA*）

对于信息质量的度量，理论界和实务界一直没有统一的定论。本研究通

---

① 对于 2006 年年报内部控制信息披露情况，本书根据研究需要仅针对样本公司进行了手工搜集整理。

过对以往相关研究文献的梳理发现，信息质量的度量方法通常可以概括为间接计算分析法和直接判断认定法两大类。前者主要依赖于上市公司披露的财务报告等信息，采用盈余（或应计）质量的高低来度量信息质量。自20世纪90年代初以来，以Jones模型为代表的用操纵性应计度量盈余管理程度的计量模型一度成为度量信息质量的经典方法。一般认为，上市公司盈余管理程度越高，其信息质量越低。后来国内外很多学者又对该模型进行了一系列的改进，衍生出很多新的计量模型。Francis等（2005）指出用盈余管理程度不能很好地反映公司的信息风险。信息风险是与投资者定价决策相关的公司特定信息低质量的可能性，是信息质量的一种反向度量，他们采用以Dechow & Dichev（2002）模型残差的标准差度量应计质量（accruals quality）来作为衡量信息风险的代理变量，该模型需要使用上市公司连续5年的财务数据（于李胜、王艳艳，2007）。由于上述采用应计质量度量信息质量的方法对技术处理和公司上市年限的较高要求，并不适用于对发行公司债券上市公司信息质量的度量。后一种方法则是通过可以被外界感知的反映上市公司信息质量的其他信息对信息质量进行度量，主要包括上市公司年度财务报告是否进行财务重述、是否获得非标准审计意见（尤其是否定意见、保留意见和无法表示意见）以及是否因违规接受证监会和沪、深证券交易所（简称"一会两所"）的处罚，即如果上市公司发生财务重述、年报获得了非标准审计意见，或者接受了"一会两所"的处罚，表明上市公司信息质量较低。但能够获得证监会审批发行公司债券的上市公司显然不会有这3种情况发生。因此，有必要寻求一种简单、直观且易于被外界感知的度量方法。

公司债券发行条件中明确了对发行主体内部控制质量的要求。从内部控制信息监管与披露的制度背景来说，受到安然等一系列财务舞弊案件的影响，美国SEC直接回应投资者对财务信息可靠性的要求，将内部控制重点集中于财务信息的可靠性；我国沿袭这一做法，《企业内部控制基本规范》中也明确了实施内部控制的目的之一在于合理保证财务信息的可靠性。另一方面，如前文述及，外部投资者和债权人无法直接观察到公司实际的内部控制有效水平和财务信息可靠程度，所以公司披露的内部控制信息是公司管理层释放其内部控制水平和财务信息质量信息的一个信号。我国监管法规要求董事会披露年度内部控制自我评价报告，但在缺乏独立第三方监督的情况下，投资者和债权人对这些自我评估报告的可信度可能存在疑问，且由于自2008年以来

我国上市公司披露管理层内部控制自我评价报告已经进入到实质性强制阶段，从而失去了信号功能。然而，作为一种制度安排，内部控制审计（以下简称内控审计）产生和发展的根本动因和主要目标在于改进财务信息质量（Brown等，2008；张龙平等，2010）。根据信号显示理论，高质量的公司有更强烈的动机自愿向外界发送公司具备高质量的积极信号。内部控制质量越高的公司越有可能基于信号显示的意图披露由外部审计师出具的内部控制审计（或鉴证）报告（林斌、饶静，2009）。此外，内部控制审计本身也有助于发现公司内部控制存在的问题，帮助公司提高内部控制质量，进而改进上市公司的财务信息质量。因此，如果公司自愿披露了独立第三方（审计师）的正面审计意见，应该能够合理地推断该公司的内部控制质量较高，其公布的财务信息质量也越高，这将有助于投资者更准确地估计上市公司的未来现金流，降低投资者面临的信息风险，进而做出恰当的投资决策。因而，本书用自愿披露正面意见的内控审计报告作为高信息质量的代理指标，ICA 表示信息质量高低的虚拟变量，如果上市公司自愿披露了正面意见的内控审计报告，ICA 取值为1，否则为0。

3）产权性质（*State*）

国际惯例中，国有公司仅指一个国家的中央政府或联邦政府投资或参与控制的公司；而在我国，国有公司还包括由地方政府投资或参与控制的公司。国外学者通常用国家/政府持股判断上市公司产权结构（ownership structure），研究政府持股对证券定价的影响。在我国资本市场中，大部分上市公司是由国有公司改制而来，并为政府所实际控制。本书沿用我国现有主流文献的通常做法，采用上市公司最终（或终极）控制人的性质划分考察产权性质。此处，*State* 是代表产权性质的虚拟变量，如果上市公司实际控制人为中央或地方政府，*State* 取值为1，否则为0。据此，本书的样本按照产权性质可以划分为国有上市公司和非国有上市公司两大类。

4）违约风险（*Credit*）

信用评级的目的是显示受评对象信贷违约风险的大小。评估机构针对受评对象金融状况和有关的历史数据进行调查、分析，从而对受评对象的金融信用状况给出一个总体的评价。国际著名评级三大机构有穆迪（Moody's）、标准普尔（Standard & Poor's）和惠誉国际（Fitch Rating）。国外有关债券研究中一般采用国际公信力较高的穆迪债券评级，其赋值从 1（Aaa）到 22

（D）不等，数值越高表明评级越差。在我国，不断改进的信用评级机制正逐渐发挥出对不同信用风险进行外部客观评级的功能。不同信用等级的债券，其风险溢价在一、二级市场都有所体现（沈炳熙、曹媛媛，2010）。即使是同一类债券，由于发行公司信用等级的差异，不同公司的发行价格也都呈现出显著差异，这充分体现了市场信用等级的差异。本书借鉴国际通常做法，将公司债券发行信用评级分别赋值为：AAA = 2，AA + = 3，AA = 4，AA − = 5，数值越高表明评级越差，说明公司债券发行公司的违约风险越大。债券信用评级不仅关系到债券可否顺利发行，而且关系到债券的票面利率，从而直接影响到公司未来的融资成本（Ahmed 等，2002；何平、金梦，2010）。因此，本书预期用信用评级度量的违约风险与信用利差正相关。

5）发行规模（*Isize*）

Isize 为公司债券本次发行金额的自然对数值，用以控制规模因素对信用利差的影响，发行规模越大的债券具有越高的流动性，说明上市公司的融资能力越强，投资者越容易接受较低的收益率。因此，本书预期发行规模与信用利差负相关。需要特别说明的是，由于我国《公司债券发行试行办法》中规定，"本次发行后累计公司债券余额不超过最近一期期末净资产额的40%"，也就是说我国公司债券发行规模的确定已经考虑了公司规模差异的影响，且本书在变量测试阶段用上市公司年末总资产的自然对数代表公司规模时发现，公司规模并不显著。因此，在这里本书没有控制上市公司自身的规模。

6）回售条款（*Put*）

Put 表示公司债券发行时募集说明书中是否约定回售特殊条款①的哑变量。如果债券发行人在债券募集说明书中约定回售条款，当债券触发回售条件时，债券持有人可以依照债券募集说明书中约定的回售条款，将其所持有的债券依照事先确定的较高的回售价格回售给发行人。对投资者来说，这个条款能

---

① 一般来说，对于包含有利于发行人的选择权条款的债券（即赎回条款或提前偿付条款等），市场参与者会在期限相同的国债收益率的基础上要求获得幅度更大的风险溢价。反之，对于包含有利于投资者的选择权条款的债券（如回售条款等），市场参与者在期限相同的国债收益率基础之上要求获得的风险溢价水平相对较低。目前，我国公司债发行时募集说明书中的特殊条款主要包括回售、调整票面利率、提前偿付或赎回。而回售往往伴随着利率的调整，上市公司一般选择在债券发行后第三年或第五年发布是否上调债券票面利率进而要求持有人选择是否回售。因此，本书这里所说的回售条款包括调整利率特殊条款。

带来的好处是如果债券发行后市场利率水平升高，导致债券的市场价格低于其票面价值，那么此时投资者可以强迫发行人按照票面价值将债券赎回。也就是说，债券回售条款是对债券持有人权益的一种保护，故本书预期公司债券发行时约定回售条款（put provision）与信用利差负相关。

7）盈利能力（ROA）

ROA 为总资产回报率，通常用以度量上市公司的盈利能力。一般情况下，总资产回报率越高，表明公司的资产利用效益越好，整个公司的盈利能力越强，预示着公司可能有更高的现金流，因此，发生债务违约的可能性越小。盈利能力是债券投资者判断上市公司发展潜力和投资价值的重要参考。因此，本研究预期总资产回报率（ROA）与信用利差负相关。

8）行业特征（Ind_i）

样本中共涉及采掘业、制造业、水电煤气业、建筑业、交通运输和仓储业、信息技术业、批发零售业、房地产业和综合类九大门类的行业。因此，有必要在回归中控制行业因素的影响。其中，制造业公司占样本总体比例为45%，远高于其他行业。此外，由于信息技术业和批发零售业的样本数量均不足 5 个，本书将其归入综合类中，以免消耗模型自由度。本书以建筑业为参照系，在模型中加入其余 6 个行业变量，即 Ind_i（$i = 1, 2, \cdots, 6$），当样本属于某一行业时取值为 1，否则为 0。

9）宏观因素（$Year_j$）

2007—2011 年的研究区间内，受国际金融危机等全球经济环境变化的影响，我国资本市场宏观经济波动也较大，这将造成对公司债券在一级市场上初始定价的影响，为此本书控制了公司债券发行的年份 $Year_j$（$j = 1, 2, 3, 4$）。本书以 2007 年度为参照系，在模型中加入其余 4 个年份的哑变量，当其中某一年份取值为 1 时，其他年份取值为 0。

基于上述理论分析和变量定义，本书构建如下多元线性回归模型估计公司债券的信用利差，具体变量的定义与说明如表 5 − 2 所示：

$$Spread = \beta_0 + \beta_1 ICA + \beta_2 State + \beta_3 Credit + \beta_4 Isize + \beta_5 Put + \beta_6 ROA + \beta_{7 \sim 12} Ind_i +$$
$$\beta_{13 \sim 16} Year_j + \varepsilon \quad\quad\quad (5-2)$$

表 5 - 2 变量设计与说明

变量性质	变量标识	变量内涵	变量定义
因变量	Spread	信用利差	公司债券发行利率减去同期可比国债收益率
解释变量	ICA	信息质量	公司自愿披露正面内部控制审计报告取值为1，否则为0
	State	产权性质	上市公司实际控制人为中央或地方政府取值为1，否则为0
控制变量	Credit	违约风险	公司债券发行信用评级：AAA = 2，AA + = 3，AA = 4，AA - = 5
	Isize	发行规模	公司债券发行总额的自然对数
	Put	回售条款	公司债约定回售条款取值为1，否则为0
	ROA	盈利能力	总资产回报率
	Ind_i	行业特征	行业虚拟变量，控制公司所属证监会门类行业差异的影响
	$Year_j$	宏观因素	年度虚拟变量，控制发行年份宏观经济因素变化的影响

5.3.4 路径分析

根据以上理论分析和研究假设，为了更好地厘清产权性质与信息质量对公司债券定价影响的作用机理，本书借助路径分析对上述关键变量加以验证，构建的待检验路径分析理论模型如图 5 - 2 所示。理论模型中共包含 6 个变量，其中观测变量 4 个，非观测变量 2 个（e_1 和 e_2）。外因观测变量分别为产权性质（State）和信息质量（ICA），内因观测变量包括违约风险（Credit）和信用利差（Spread）。依据前述理论，State 与 Credit 之间、State 与 Spread 之间以及 ICA 与 Spread 之间的关系是单向递归的[①]，故采用递归模型，并运用极大似然法进行模型估计。

表 5 - 3 列示了路径分析中 State、ICA、Credit 与 Spread 间的标准化的路径系数（path coefficient）。从表中可以看到，State 对 Credit 影响的标准化直接效果值（简称为直接效果值）为 - 0.457，Credit 对 Spread 影响的直接效果值为 0.640，State 对 Spread 影响的直接效果值为 - 0.143，由于 State 对 Spread 的间接效果值为 - 0.457 × 0.640 = - 0.293，因而，State 对 Spread 影响的总效果值

---

① 在路径分析的初始模型构建中，本书对 ICA 与 State、ICA 与 Credit 两组变量也进行了路径分析检验，结果发现，这两组变量之间并不存在显著影响关系，这也与多元回归分析结果一致。

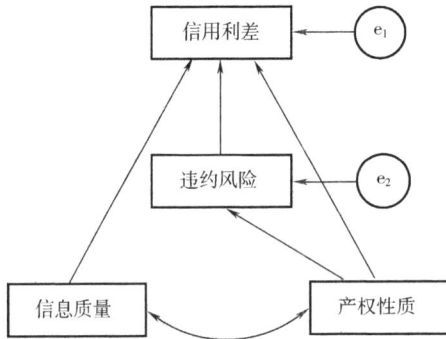

图 5 - 2　路径分析理论模型

达到 - 0.436。由此可见，ICA 对 $Spread$ 影响的直接效果值为 - 0.184，假设 5 - 1 得到了初步支持。$State$ 对 $Spread$ 的影响有两条作用路径，假设 5 - 2 也得到了初步支持。除 $State$ 对 $Spread$ 达到 5% 显著性水平外，其他 3 条路径系数的显著性检验均达到 1% 显著性水平。

表 5 - 3　路径分析效果表

路径效果	直接效果	间接效果	总效果值	R^2
$State \longrightarrow Credit$	- 0.457（0.000）***		- 0.457	20.9%
$Credit \longrightarrow spread$	0.640（0.000）***		0.640	
$ICA \longrightarrow spread$	- 0.184（0.000）***		- 0.184	55.8%
$State \longrightarrow spread$	- 0.143（0.019）**	- 0.293	- 0.436	

注：＊＊＊、＊＊分别表示 1% 和 5% 水平上显著，括号内为 P 值。

此外，从路径分析中的决定系数 R^2 可知，$State$ 可以解释 $Credit$ 变量 20.9% 的变异量；$Credit$、$State$ 和 ICA 可以联合解释 $Spread$ 变量 55.8% 的变异量。

从表 5 - 4 可以看出，整体模型适配度检验的 χ^2 值为 0.122，显著性概率值 $P = 0.727$ 大于 0.05，即未达到 0.05 的显著性水平，接受零假设，表示理论模型和与样本数据间可以较好地适配。绝对拟合指数（$RMSEA$）为 0.000 < 0.05，$AGFI$（0.996）> 0.90，增值适配度指数均大于 0.90，模型适配优良；此外，CN（4 684）> 200，χ^2 自由度比值（0.122/1）远远小于 2，理论模型

的 *AIC* 和 *CAIC* 值小于独立模型值，且同时小于饱和模型值（篇幅有限，*CN*、*AIC* 和 *CAIC* 未列示），整体模型的适配情形良好。综上，本书提出的路径模型与实际样本数据可以很好地适配。由此可见，路径分析结果很好地验证了本书先前对产权性质和信息质量影响公司债券定价的作用机理的分析和假设，也为后文的多元回归分析奠定了基础。

表5-4　路径分析适配度检验摘要表

统计检验量	绝对适配度指数					增值适配度指数				
	χ^2（p值）	*RMR*	*RMSEA*	*GFI*	*AGFI*	*NFI*	*RFI*	*IFI*	*TLI*	*CFI*
检验结果值	0.122（0.727）	0.005	0.000	1.000	0.996	0.999	0.995	1.006	1.035	1.000
适配的标准或临界值	$p>0.05$	<0.05	<0.05 适配优良	>0.90 以上	>0.90 以上	>0.90 以上	>0.90 以上	>0.90 以上	>0.90 以上	>0.90 以上
模型与样本是否适配	是	是	是	是	是	是	是	是	是	是

5.4　实证检验与结果分析

5.4.1　描述性统计

表5-5列示了对各变量按照信息质量（是否自愿披露正面意见的内部控制审计报告）进行的描述性统计。其中，*Spread* 在未自愿披露内部控制审计报告组的均值和中位数分别是2.955和2.740，明显高于自愿披露正面意见的内部控制审计组的均值2.489和中位数2.600。为了进一步验证 *Spread* 组间差异的显著性，本书也着重对其进行了样本组间差异检验（如表5-6所示），包括独立样本 *T* 检验和 Mann - Whitney *U* 检验，结果表明自愿披露正面意见内部控制审计报告的上市公司，其信用利差显著低于未披露内部控制审计报告的上市公司，说明自愿性内部控制审计报告起到了信号传递作用，减少了信息不对称，能够显著降低上市公司发行公司债券的信用利差，因而假设5-1得到了初步验证。

表5-5　描述性统计（信息质量分组）

ICA 分组	信息质量低 ICA = 0（N = 99）				信息质量高 ICA = 1（N = 51）			
变量描述	最小值	最大值	均值	中位数	最小值	最大值	均值	中位数
Yield	4.50	9.00	6.354	6.100	3.75	7.40	6.002	5.900
TrsYTM	2.42	4.46	3.398	3.440	2.18	4.41	3.513	3.600
Spread	0.95	6.18	2.955	2.740	0.64	4.88	2.489	2.600
Isize	0.916	4.248	2.410	2.303	1.099	4.700	2.660	2.642
Credit	2	5	3.16	3.00	2	4	3.16	3.00
ROA	2.136	28.846	9.326	8.331	2.276	18.421	8.936	7.424
Put	0	1	0.48	0	0	1	0.53	1

注：Yield 表示债券发行的票面收益率，TrsYTM 表示与债券同期可比的国债收益率，其他变量同前。

表5-6　组间差异比较（信息质量分组）

被解释变量	分组变量		独立样本 T 检验		Mann – Whitney U 检验	
	ICA	N	均值	T 值	中位数	Z 值
Spread	0	99	2.955	2.424**	2.740	-1.799*
	1	51	2.489	(0.017)	2.600	(0.056)

注：**和*表示5%和10%水平显著（双侧），括号内为 P 值。ICA = 0 时表示上市公司未自愿披露内部控制审计报告，ICA = 1 时表示上市公司自愿披露了正面意见的内部控制审计报告。

　　同理，本书还按照产权性质分组对各变量进行了描述性统计（参见表5-7）。不难发现，两组各个变量在最大值、最小值、均值和中位数上均存在一定差异。其中，Spread 在非国有上市公司组的均值和中位数分别是3.624和3.450，明显高于国有上市公司组的均值2.486和中位数2.420。为了进一步验证 Spread 组间差异的显著性，本书着重对其进行了样本组间差异检验（如表5-8所示），包括独立样本 T 检验和 Mann – Whitney U 检验，结果表明产权性质为国有的上市公司，其信用利差显著低于非国有的上市公司，说明国有产权性质承担了隐性担保的作用，能够显著降低上市公司的信用利差，机构投资者给予这类上市公司发行的公司债券较高的定价，因而假设5-2得到了初步验证。

表 5-7 描述性统计（产权性质分组）

State 分组	非国有上市公司 State = 0（N = 41）				国有上市公司 State = 1（N = 109）			
变量描述	最小值	最大值	均值	中位数	最小值	最大值	均值	中位数
Yield	5.30	9.00	6.980	7.050	3.80	8.50	5.953	5.770
TrsYTM	2.40	4.00	3.356	3.500	2.18	4.46	3.468	3.530
Spread	1.86	6.18	3.624	3.450	0.64	5.60	2.486	2.420
Isize	0.916	3.689	2.101	2.041	1.029	4.700	2.650	2.639
Credit	2	5	3.800	4.000	2	4	2.92	3.00
ROA	2.136	18.421	10.069	9.171	2.276	28.846	8.717	7.295
Put	0	1	0.68	1	0	1	0.43	0

注：Yield 表示债券发行的票面收益率，TrsYTM 表示与债券同期可比的国债收益率，其他变量同前。

表 5-8 组间差异比较（产权性质分组）

被解释变量	分组变量		独立样本 T 检验		Mann–Whitney U 检验	
	State	N	均值	T 值	中位数	Z 值
Spread	0	41	3.624	6.110***	3.450	-5.333***
	1	109	2.486	(0.000)	2.420	(0.000)

注：***表示 1% 水平显著（双侧），括号内为 P 值。State = 0 时表示为非国有上市公司，State = 1 时表示为国有上市公司。

5.4.2 相关性分析

在相关性检验过程中，本书分别采用了 Pearson 和 Spearman 相关分析（如表 5-9 所示），结果表明解释变量 State 和 ICA 分别与 Spread 在 1% 和 5% 水平下显著负相关。产权性质 State 与代表违约风险的 Credit 相关系数达到 -0.453，且在 1% 水平上显著，与本书预期的产权性质通过降低违约风险进而影响信用利差的作用机理相吻合，即国有产权通过隐性担保作用降低投资者面临的违约风险，使得这类债券获得较低的信用利差。

控制变量除 ROA 外，均与被解释变量 Spread 显著相关，说明在检验产权性质和信息质量对信用利差的影响时，有必要控制公司债券发行的主要特征。此外，如表 5-10 所示，各变量方差膨胀因子（VIF）的最大值是 2.268，表

明各变量之间不存在严重的多重共线性问题。

表 5 - 9   相关性分析结果 （*Spread*）

主要变量	*Spread*	*ICA*	*State*	*Isize*	*Credit*	*ROA*	*Put*
Spread	1	− 0.157 *	− 0.437 * *	− 0.555 * *	0.725 * *	− 0.086	− 0.204 *
ICA	− 0.195 *	1	− 0.060	0.158 *	− 0.006	− 0.028	0.042
State	− 0.449 * *	− 0.060	1	0.352 * *	− 0.453 * *	− 0.203 *	− 0.224 * *
Isize	− 0.569 * *	0.151	0.333 * *	1	− 0.540 * *	− 0.015	− 0.218 * *
Credit	0.708 * *	− 0.003	− 0.457 * *	− 0.525 * *	1	− 0.122	0.433 * *
ROA	− 0.100	− 0.073	− 0.132	0.062	− 0.148	1	− 0.051
Put	− 0.172 *	0.042	− 0.224 * *	− 0.225 * *	0.416 * *	− 0.068	1

注：对角线右上为 Spearman 相关系数，左下为 Pearson 相关系数。＊＊、＊分别表示 1% 和 5% 水平显著（双侧）。

5.4.3　多元回归分析

为了验证假设 5 - 1 和假设 5 - 2，本书选择全样本进行多元线性回归。在回归过程中，采用测试变量逐渐进入回归方程的方式以便于更加细致地考察变量之间的关系，回归结果见表 5 - 10。通过表 5 - 10 可以看到：

首先，将产权性质变量纳入回归模型中，回归结果（1）显示 *State* 系数为 − 0.348，且在 5% 水平下显著。这说明相对于非国有上市公司而言，国有上市公司具有较低的信用利差。

其次，将上市公司是否自愿披露正面意见的内部控制审计报告代理高信息质量的虚拟变量加入到回归模型中，回归结果（2）显示 *ICA* 系数为 − 0.338，且在 1% 水平下显著。这说明上市公司自愿披露正面意见的内部控制审计报告能够向机构投资者传递上市公司高信息质量的积极信号，有利于投资者更准确地估计上市公司的未来现金流，从而降低投资者面临的信息风险。因此，机构投资者会给其发行的公司债券以较高的定价。

最后，将上述两个变量同时加入到回归模型中。回归结果（3）显示两个变量 *State* 和 *ICA* 的系数分别为 − 0.328 和 − 0.325，且仍在 5% 和 1% 水平下显著。该回归结果与本书预期结论相一致。

结合组间差异比较和多元回归分析的结果表明，公司债定价受到产权性质和

信息质量的影响：自愿披露正面意见的内部控制审计报告有助于降低上市公司的信息不对称，进而向外界传递自身高信息质量的积极信号，从而降低投资者的信息风险，这类公司发行的债券会获得投资者较高的初始定价，假设 5 - 1 得到验证。相对于非国有产权性质的上市公司而言，国有产权上市公司拥有显著较低的初始发行信用利差，假设 5 - 2 得到验证；三个回归结果中的调整后 R^2 分别达到 65.1%、65.7% 和 66.7%，说明该模型拟合优度较高，具有很好的解释能力。

表 5 - 10　全样本多元线性回归结果（*Spread*）

模型	全样本					
	（1）		（2）		（3）	
	系数	*VIF*	系数	*VIF*	系数	*VIF*
Cons	1.975***		1.488***		1.961***	
	(3.533)		(2.912)		(3.593)	
State	-0.348**	1.486			-0.328**	1.490
	(-2.324)				(-2.242)	
ICA			-0.338***	1.098	-0.325***	1.101
			(-2.814)		(-2.742)	
Isize	-0.430***	1.600	-0.395***	1.648	-0.387***	1.651
	(-4.759)		(-4.345)		(-4.314)	
Put	-0.303**	1.345	-0.301**	1.345	-0.301**	1.345
	(-2.390)		(-2.393)		(-2.429)	
Credit	0.632***	2.236	0.733***	2.002	0.662***	2.268
	(6.676)		(8.262)		(7.112)	
ROA	0.008	1.466	0.014	1.353	0.005	1.471
	(0.522)		(1.029)		(0.367)	
Ind_i	控制		控制		控制	
$Year_j$	控制		控制		控制	
Adj. R^2	65.1%		65.7%		66.7%	
F 值	19.51		20.03		19.65	
Sig.	0.000		0.000		0.000	
N	150		150		150	

注：***、**、*分别表示1%、5%和10%水平上显著，括号内为 *T* 值。

5.5　基于产权性质的进一步分析

为了进一步考察信息质量对公司债券定价的影响是否在不同产权性质的上市公司间存在差异，本书将全样本按照产权性质进行了分组，分别对国有上市公司和非国有上市公司两个子样本进行了回归并采用自抽样法（Bootstrap）[①] 检验组间差异的显著性。原假设是 $H_0: d_0 = 0$，即组间的系数估计值不存在显著差异。检验的统计量是采用 Bootstrap 法计算出的经验 P 值，它表示实际观察到的组间系数差异可能出现的概率，获取步骤如下：①把来自国有上市公司组和非国有上市公司组的样本公司混合起来，假设来自两个组中的样本数目分别为 n_1 和 n_2，则共有 $n = n_1 + n_2$ 个公司债/年样本；②在每一轮模拟中，从这 n 个公司债/年样本中随机抽取 $n_1 + n_2$ 个，并把它们分别定义为国有上市公司组和非国有上市公司组；③分别估计两个组中的系数值，并记录系数差异 d_i；④将第 2 步和第 3 步反复进行 k 次（本书中 k 取 2 000），继而计算出 d_i（$i = 1, 2, \cdots, k$）大于实际系数差异 d_0 的百分比，即得到经验 P 值，它与传统检验中的 P 值具有相同的含义。

表 5 – 11 的回归结果列（1）显示 ICA 在国有上市公司的样本回归模型中的系数仅为 – 0.188，且没有通过统计意义上的显著性水平测试；而表 5 – 11 的回归结果（2）则显示 ICA 在非国有上市公司的样本回归模型中的系数上升至 – 0.679，且在 5% 水平上显著，两组回归系数差异为 0.491。经由 Bootstrap 测试得到的经验 P 值为 0.018，且在 5% 水平下显著异于零，进一步证实了上述差异在统计上的显著性。

这说明国有产权性质对公司的隐性担保作用可能削弱了信息质量与公司债券信用利差的负向显著关系，这也表明政府承担的隐性担保可能会使得投资者忽视对发债公司信息质量的足够关注。此外，受到国家的政治和财务支持，国有产权的特殊性赋予国有公司本身一定的声誉效应，甚至即使当财务报表数据发生虚假陈述时，也有政府为其"埋单"，从而在一定程度上抵消了外部审计师在验证财务报表真实性中的作用（王兵、辛清泉等，2009）。然

---

① 该方法的优点在于观测样本是从母体中随机抽取的，能够很好地描述母体的分布特征。因此，若反复对观测样本进行可重复抽样，得到的经验分布（empirical distribution）将与母体分布非常接近。

而，在缺乏政府隐性担保的前提下，信息质量与公司债券的信用利差的负向相关关系显著成立，这也意味着非国有上市公司的债券投资者更加关注债券发行主体的信息质量，从而规避和降低由于信息风险给债券投资带来的损失。另一方面也说明，对于非国有上市公司来说，要想获得成本较低的债券融资，保持较高的会计信息质量更重要。

表 5 – 11 基于产权分组的多元线性回归结果（*Spread*）

模型	国有上市公司 (1)		非国有上市公司 (2)	
	系数	VIF	系数	VIF
Cons	1.681*** (3.129)		2.703 (1.617)	
ICA	-0.188 (-1.505)	1.172	-0.679** (-1.934)	1.524
Isize	-0.380*** (-4.001)	1.688	-0.616** (-2.485)	1.438
Put	-0.218 (-1.654)	1.392	-0.219 (-0.650)	1.473
Credit	0.533*** (5.033)	2.368	0.825*** (3.452)	1.533
ROA	0.009 (0.592)	1.631	-0.009 (-0.210)	1.347
Ind_i	控制		控制	
$Year_j$	控制		控制	
Adj. R^2	65.8%		42.8%	
F 值	14.89		4.36	
Sig.	0.000		0.004	
N	109		41	

注：＊＊＊、＊＊、＊分别表示1%、5%和10%水平上显著，括号内为 *T* 值。

值得一提的是，尽管由于样本数量较小导致子样本回归结果（2）的统计量 *F* 值（4.36）不高，但其意义检验结果 $P = 0.004 < 0.05$（$\alpha = 0.05$ 为显著性水平，*P* 值小于或等于 α，说明多元回归方程的线性关系显著），因而总体上看，用该多元线性回归模型推测总体预测值是有效的。与此同时，模型调

整后 R^2 达到了 42.8%，说明该模型的拟合优度较好。

5.6 稳健性检验

为了使研究结论更加稳健，本书做了如下 3 个方面的敏感性分析：

（1）对于发行多只公司债券的公司，本书基于加权平均债券信用利差估算公司总体的信用利差，即采用流通在外的某一公司债券的数额占公司流通在外的所有交易债券的总额作为权重，重新对全样本及国有上市公司和非国有上市公司两个子样本分别进行多元线性回归。研究发现，与本书报告的使用所有债券的回归结果相比，采用加权平均信用利差按照发行公司数量合并样本后具有相似的结果，研究结论没有实质性差异，具体结果见表 5 - 12。

（2）考虑到财务信息质量度量方法不同可能会对结果造成的影响，本书发现仅有债券代码为"112038"的"11 锡业债"，其 2010 年的财务报表审计意见为带强调事项段无保留意见，故将该债券剔除，结论不变。

（3）在估计方法上，为了更好地验证变量间内在结构关系的合理性，本书针对多元线性回归方程中的所有变量构建结构方程模型重新进行了分析。为了结构分析的清晰性和模型较好的适配性，本书仅对发行量最多的 2011 年和制造业进行了控制，综合图 5 - 3、表 5 - 12 和表 5 - 13 所示，研究结果没有发生实质性变化。

基于上述敏感性分析，本书的结论是比较稳健的。

表 5 - 12　基于样本修正的稳健性检验（Spread）

模型	全样本								国有公司		非国有公司	
	(1)		(2)		(3)		(4)				(5)	
	系数	VIF	系数	VIF	系数	VIF	系数	VIF			系数	VIF
Cons	2.442 *** (3.815)		2.001 *** (3.337)		2.425 *** (3.862)		2.387 *** (3.660)				2.742 (1.601)	
State	-0.333 ** (-2.157)	1.432			-0.307 ** (-2.024)	1.439						
ICA			-0.327 ** (-2.495)	1.088	-0.308 ** (-2.377)	1.094	-0.136 (-1.009)	1.142			-0.663 ** (-2.147)	1.511

续表

	全样本						国有公司		非国有公司	
Isize	−.0512 *** (−4.730)	1.711	−0.484 *** (−4.453)	1.748	−0.473 *** (−4.404)	1.752	−0.509 *** (−4.294)	1.904	−0.633 ** (−2.373)	1.509
Put	−0.346 ** (−2.558)	1.294	−0.344 ** (−2.564)	1.294	−0.341 ** (−2.570)	1.294	−0.244 * (−1.724)	1.383	−0.218 (−0.636)	1.456
Credit	0.599 *** (5.807)	2.215	0.689 *** (7.023)	2.032	0.626 *** (6.151)	2.243	0.445 *** (3.720)	2.604	0.823 *** (3.382)	1.532
ROA	0.007 (0.447)	1.517	0.014 (0.938)	1.397	0.005 (0.332)	1.521	0.010 (0.664)	1.737	−0.009 (−0.210)	1.331
Ind_i	控制		控制		控制		控制		控制	
$Year_j$	控制		控制		控制		控制		控制	
$Adj. R^2$	63.2%		63.6%		64.6%		65.0%		42.3%	
F 值	16.08		16.39		16.30		14.41		4.39	
Sig.	0.000		0.000		0.000		0.000		0.005	
N	133		133		133		93		40	

注：* * *、* *、*分别表示1%、5%和10%水平下显著，括号内为 T 值。

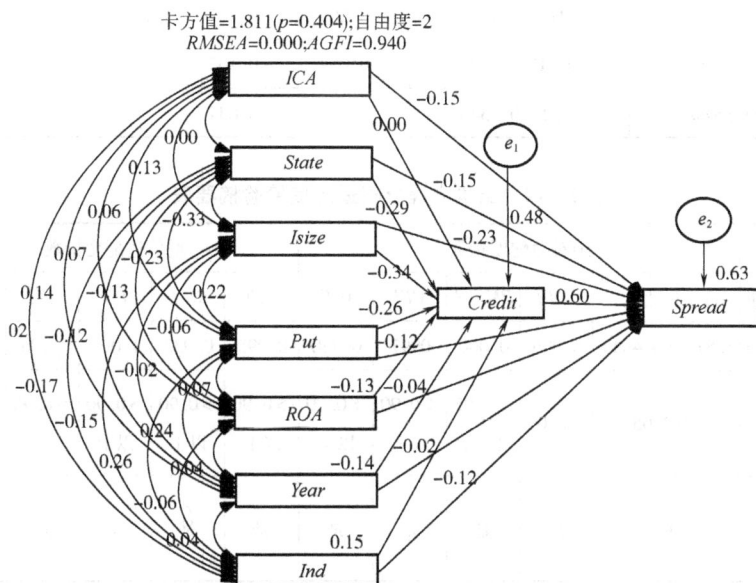

图 5－3 结构方程标准化估计模型

表 5 – 13　结构方程路径分析效果表

路径效果	直接效果 （括号内为 P 值）	间接效果	总效果值	R^2
$State \to Credit$	− 0. 294　（0. 000）***			
$ICA \to Credit$	0. 000　（0. 479）			
$ROA \to Credit$	− 0. 135　（0. 026）**			变量 $State$ 和 ICA、ROA、Put、$Isize$、$Year$ 和 $Industry$ 可以联合解释 $Credit$ 变量 47. 8% 的变异量
$Put \to Credit$	− 0. 261　（0. 000）***			
$Isize \to Credit$	− 0. 341　（0. 000）***			
$Year \to Credit$	− 0. 140　（0. 034）**			
$Ind \to Credit$	0. 147　（0. 027）**			
$State \to Spread$	− 0. 146　（0. 013）**	− 0. 176	− 0. 322	
$ICA \to Spread$	− 0. 145　（0. 005）***	0. 000	− 0. 145	
$Credit \to Spread$	0. 599　（0. 000）***		0. 599	变量 $State$、ICA、$Credit$、ROA、Put、$Isize$、$Year$ 和 $Industry$ 可以联合解释 $Spread$ 变量 62. 5% 的变异量
$ROA \to Spread$	− 0. 042　（0. 417）	− 0. 081	− 0. 123	
$Put \to Spread$	− 0. 123　（0. 032）**	− 0. 156	− 0. 279	
$Isize \to Spread$	− 0. 227　（0. 000）***	− 0. 204	− 0. 431	
$Year \to Spread$	− 0. 018　（0. 756）	− 0. 084	− 0. 102	
$Ind \to Spread$	− 0. 122　（0. 034）**	0. 088	− 0. 034	

表 5 – 14　结构方程分析适配度检验摘要表

统计检验量	绝对适配度指数					增值适配度指数				
	χ^2（p 值）	RMR	RMSEA	GFI	AGFI	NFI	RFI	IFI	TLI	CFI
检验结果值	1. 811　（0. 404）	0. 006	0. 000	0997	0. 940	0. 995	0. 932	1. 001	1. 011	1. 000
适配标准	$p > 0.05$	< 0. 05	< 0. 05 优良	> 0. 90 以上	> 0. 90 以上	> 0. 90 以上	> 0. 90 以上	> 0. 90 以上	> 0. 90 以上	> 0. 90 以上
模型是否适配	是	是	是	是	是	是	是	是	是	是

5.7　本章小结

　　本书利用2007—2011年间沪、深两市上市公司公开发行的公司债数据，通过路径分析深入剖析了发债公司的产权性质和信息质量对公司债定价的作用机理，研究发现，产权性质对公司债券定价存在间接和直接两条影响路径：一是国有产权通过提供隐性担保影响信用评级机构对债券的信用评级，进而降低投资者面临的违约风险，从而使债券获得较低的信用利差；二是国有产权作为公司的外显特征，能够直接为债券投资者所感知，进而影响投资者自身对债券违约风险的评价，从而使债券获得较低的信用利差。而内部控制审计报告作为信息质量的代理变量则通过降低投资者面临的信息风险直接影响债券的定价。

　　在控制一些影响公司债定价的微观和宏观因素的基础上，综合考察信息质量和产权性质对公司债定价的影响，经验研究结果表明：总体而言，与非国有上市公司相比，国有上市公司的政府背景起到了隐性担保的作用，其在债券初始定价时的信用利差显著较低；作为高信息质量的代理变量，上市公司自愿披露正面内部控制审计报告能够向市场传递公司内部控制和信息质量的积极信号，有利于投资者对公司的价值和风险做出更准确的估计，进而显著降低公司债券在一级市场上的发行成本；但针对不同产权性质做进一步考察，却没有在国有上市公司样本中发现信息质量对融资成本的治理作用，说明政府的隐性担保可能会使投资者忽视对上市公司信息质量的必要关注，存在诱发道德风险的可能。

　　本章经验研究发现：与国际上公司债券定价研究结论相一致，我国公司债券初始定价在一定程度上体现了市场定价机制的功效；政府提供的隐性担保能够使国有上市公司发行的债券获得较高定价，但存在诱发道德风险的可能，且不利于真正提高社会经济资源的配置效率；而广大投资者更应该关注发债公司自身的内部控制建设和信息质量，从而做出正确的投资决策。从实践意义而言，这些发现也有助于实证评价《公司债券发行试点办法》中相关规定的实施效果，并深入剖析我国公司债券市场定价存在的深层次问题，推动监管机关进一步完善相关政策的制定，从而促进我国公司债券市场的健康发展。

6

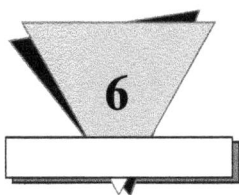

自愿性内部控制审计披露与
债券融资成本：二级市场
经验证据

作为公开债务市场，与银行发放贷款过程中银行与公司之间一对一的信息披露和单向约束相比，向所有市场成员公开披露信息更有利于强化对筹资人的约束（沈炳熙、曹媛媛，2010）。上一章将研究视角定位于我国公司债券一级市场，重点考察了自愿披露内部控制审计报告对机构投资者进行公司债初始定价的影响。本章则将研究视角转向公司债券的二级市场，与一级市场的定价主体不同，公司债二级市场上的投资者大多为个体中小投资者。本章的核心问题由此产生：在公司债二级市场上，上市公司自愿披露内部控制审计报告是否同样会引起广大债券投资者的关注，进而影响上市公司的债务融资成本？如果内部控制审计信息的自愿披露会引起债务融资成本的变化，那么，二者之间的关系是否会因上市公司产权性质差异而有所不同？

6.1　理论分析与研究假设

SOX 法案的一个重要目标就是通过提高审计师独立性来降低资本成本（Amir 等，2010）。在非法定强制审计环境下，公司主动聘请外部审计的决策可视为提高财务报表可靠性和财务信息质量的一种自愿承诺（Kim 等，2011），而该承诺无疑是值得信赖的，这是因为上市公司通过聘请审计师进行内部控制审计，从而提高公司信息透明度的决策无疑会给公司带来额外的包括审计费用和潜在专属信息损失在内的经济成本。

在我国公司债市场上，公司债券发行条件中明确了对发行主体内部控制质量的要求，这必然会引起广大债券投资者对公司内部控制质量的高度重视。我国监管法规要求董事会披露年度内部控制自我评估报告，但在缺乏独立第三方监督的情况下，投资者和债权人可能质疑这些自我评估报告的可信度。作为一种制度安排，内部控制审计产生和发展的主要目标和根本动因在于改进财务信息质量。根据信号显示理论，高质量的公司有更强烈的动机自愿向外界发送公司具备高质量的信号。内部控制质量越高的公司越有可能基于信号显示的意图披露由外部审计师出具的内部控制审计报告。如果公司自愿披露了独立第三方（审计师）的正面审计意见，应该能够合理地推断该公司的内部控制质量较高，其公布的财务信息质量也越高。

一方面，高质量内部控制能够增加公司财务信息的精确度，从而降低投资者面临的信息风险。这就意味着债券投资者能够使用更加准确可靠的信息

估计公司未来现金流，评价公司的违约风险及债务履约情况，从而降低投资者要求的风险溢价（Bhojraj and Sengupta，2003），通过弥合资本市场的信息不对称，缓解委托－代理问题，降低公司的融资成本，进而改善公司的市场绩效。另一方面，如果公司内部控制环节薄弱，管理人员就会认为滥用或侵占公司的现金流更为容易（Lambert等，2007），这势必会增加管理人员对公司现金的滥用或侵占行为发生的概率，从而增加发债公司的违约风险，从而导致债券投资者要求更高的债务成本；反之，当内部控制质量较高时，管理人员滥用或侵占现金的行为就会减少，也就是说侵占风险降低，会导致违约风险的减少，从而降低公司的债务融资成本。总之，高质量内部控制意味着公司处于良性健康的运营环境和有效监控之下，有助于公司控制其经营风险并降低管理层滥用或侵占公司现金流的发生概率，保证其经营目标的顺利实现，有利于实质性地降低债券投资者对公司违约风险估计水平，从而降低发债公司的融资成本。

因此，上市公司自愿披露内部控制审计报告行为在某种程度上会影响公司的信息结构，有利于债券投资者做出正确的投资判断，其向市场发送的积极信息应该会对公司债券的市场定价产生重要影响，从而影响上市公司的债务融资成本。据此，本书提出研究假设 6－1：

假设 6－1：在其他条件不变的情况下，与未披露内部控制审计报告的公司相比，自愿披露正面内部控制审计报告的公司，其债务融资成本显著降低。

6.2 研究设计

6.2.1 样本选择与数据来源

本章选取 2007—2011 年在上海证券交易所和深圳证券交易所发行的固定收益公司债券作为研究样本，并按照如下标准进行筛选：

（1）由于公司债券的发行人包括沪、深两市上市公司及发行境外上市外资股的境内股份有限公司，根据研究需要，故剔除非上市公司发行的公司债券 15 只；

（2）由于模型中多数变量需要用到其上一年的年报财务数据和其他披露信息，故剔除上市公司 IPO 当年发行的公司债券，如华锐风电科技（集团）

股份有限公司，其股票上市时间为 2011 年 1 月 13 日，同年发行"11 华锐01"和"11 华锐02"两只债券；

（3）由于公司被兼并收购，剔除 08 钒钛债和 08 莱钢债 2 只债券；

（4）将境内外同时上市的公司发行的债券予以剔除，包括公司股票代码为 601588、601991、601390、600028、601005、000157 和 000488 等 11 家公司发行的 18 只公司债①。

此外，本书还针对公司债发行特殊条款中约定"调整票面利率"② 的债券进行逐一核查，未发现在研究期间发生票面利率调整的情况，从而保证了债券到期收益率计算的准确性和样本间的可比性。

最终获得 280 只公司/年债券样本，其中，2007 年 5 只，2008 年 17 只，2009 年 50 只，2010 年 75 只，2011 年 133 只。本书所有上市公司财务数据和二级市场交易数据均来自于万得（Wind）金融终端数据库。上市公司内部控制审计报告等信息是通过阅读上市公司的年度财务报告进行手工搜集、整理而获得。本书采用 SPSS17.0 和 Excel2003 进行统计分析。

6.2.2 模型构建与变量释义

为了验证假设 6 - 1，本书构建如下模型：

$$\Delta Spread = \beta_0 + \beta_1 ICA + \beta_2 \Delta DD + \beta_3 \Delta CFO + \beta_4 \Delta YTM + \beta_5 \Delta SIZE + \beta_6 \Delta LEV +$$
$$\beta_7 \Delta ROA + \beta_8 \Delta M\&A + \varepsilon \tag{6-1}$$

模型 6 - 1 为多元线性回归模型，因变量为信用利差的变动差额，代表上市公司债务资本成本的变动；在该模型中，本书采用对内部控制审计报告自愿披露前后可公开获得的财务数据进行差分的办法构建纵向变动模型，从而减轻可能出现的内生性问题；对于回归结果，本书主要考察的是 β_1 的系数，

---

① 我国财政部等五部委分别于 2008 年和 2010 年联合发布了《企业内部控制基本规范》和《企业内部控制配套指引》，要求上市公司对本公司内部控制的有效性进行自我评价，披露年度自我评估报告，可聘请会计师事务所对内部控制的有效性进行审计，标志着我国内部控制规范体系的建立。该规范体系自 2011 年 1 月起首先在境内外同时上市的公司实施，表明这些公司自 2011 年起进入到强制内部控制审计报告阶段。由于本书重点探讨自愿性鉴证阶段信息披露的市场反应，故将境内外同时上市公司发行的债券予以剔除。

② 调整票面利率是指发行人有权决定在本期债券存续期的第 n 年末上调本期债券后续期限的票面利率，上调幅度一般为 1 至 100 基点（含本数），其中 1 个基点为 0.01%，并在中国证监会指定的上市公司信息披露媒体上发布关于是否上调本期债券票面利率以及上调幅度的公告。若发行人未行使利率上调选择权，则本期公司债后续期限票面利率仍维持原有票面利率不变。

如果 β_1 显著为负，表明如果上市公司自愿披露了正面意见的内部控制审计报告，其债券融资成本会显著降低，则假设 6 - 1 得以验证。

模型中涉及的主要变量（参见表 6 - 1）的详细求解过程如下：

(1) $\Delta Spread$：表示信用利差均值的变动差额。$Spread$（pre）为自愿披露内部控制审计报告前 [- 30，- 3] 天期间的公司债券信用利差的均值，$Spread$（post）为自愿披露内部控制审计报告后 [3，30] 天期间的公司债信用利差的均值。因此，$\Delta Spread$ 为 $Spread$（post）与 $Spread$（pre）的变动差额。万得数据库中债券二级市场包含日交易价格等特定信息，通过 Wind 数据库的 Excel 插件功能，本书利用到期收益率函数①输入债券代码、交易日期和利率类型三项分别计算公司债券到期收益率（$Yield$）和同期可比的国债到期收益率（YTM），进而能够计算出每一只公司债特定交易日的信用利差（$Spread$），也就是公司债券的到期收益率（$Yield$）减去当期可比的国债到期收益率（YTM）的差额。

(2) ΔYTM：表示国债到期收益率均值的变动差额，用以控制宏观经济环境变动的影响。YTM（pre）为自愿披露内部控制审计报告前 [- 30，- 3] 天期间的公司债信用利差的均值，YTM（post）为自愿披露内部控制审计报告后 [3，30] 天期间的公司债信用利差的均值。因此，ΔYTM 为 YTM（post）与 YTM（pre）的变动差额。求解方法同上所述，利用 Wind 数据库的 Excel 插件功能实现。现有的理论和经验研究表明，在短期内，信用利差的变动与国债收益率的变动成负向关系（Longstaff and Schwartz，1995；Duffee，1998）。基于此，本书预期 ΔYTM 的估计系数为负。

(3) ICA：表示上市公司是否自愿披露内部控制审计报告。如果上市公司

---

① 对处于最后付息周期的固定利率债券，到期收益率 y 按单利计算，计算公式为：

$$y = \frac{FV - PV}{PV} \div \frac{D}{365} \qquad (1)$$

对不处于最后付息周期的固定利率债券，到期收益率 y 按复利计算，计算公式为：

$$PV = \frac{C/f}{(1 + y/f)^{\frac{d}{365/f}}} + \frac{C/f}{(1 + y/f)^{\frac{d}{365/f}+1}} + \cdots + \frac{C/f}{(1 + y/f)^{\frac{d}{365/f}+n-1}} + \frac{M}{(1 + y/f)^{\frac{d}{365/f}+n-1}} \qquad (2)$$

其中，y：到期收益率；PV：债券全价；FV：到期兑付日债券本息和，固定利率债券为 $M + C/f$；C：票面年利息，等于面值与票面年利率的乘积；D：债券结算日至到期兑付日的实际天数；f：年付息次数；d：债券结算日到最近付息日的实际天数；n：结算日至到期兑付日的债券付息次数；M：债券面值。

自愿披露了正面意见的内部控制审计报告，取值为1，否则为0。本书预期其与信用利差的变动成负相关。

（4）ΔDD：表示违约距离（Default Distance）的变动差额。本书采用国际上最具影响力且被广泛应用的 KMV 模型求解的违约距离考察上市公司的相对违约风险（或称信用风险）大小①，并运用 Matlab9.0 软件编程实现。求解过程中涉及的主要参数选取方法如下：①违约点 $DP = SD$（流动负债）$+$ $1/2LD$（长期负债）；②股权价值 $VE =$ 日收盘价 × 流通股股数 + 每股净资产 × 非流通股股数；③无风险利率 r 为中国人民银行公布的当年 1 年期定期存款利率年末时点值；股权价值波动率 σ_A 取日股票波动率的年化值。因为 KMV 模型中债务期限通常取值为 1 年，所以 DD（post）和 DD（pre）分别表示 t 年和 $t-1$ 年的违约距离。违约距离是违约风险的反向度量，即违约距离越大，信用风险越低；反之，违约距离越小，信用风险就越高。因此，这里本书预期 ΔDD 与 $\Delta Spread$ 之间负相关。

同时，本书控制了公司规模（$SIZE$）、财务风险（LEV）、盈利能力（ROA）和经营现金流（CFO）等上市公司特征因素（Sengupta，1998；Dhaliwal et. al，2011）。ΔCFO 表示经营活动现金流的变动差额。为消除公司规模差异的影响，本书用经营活动现金流除以相应期末的总资产进行平减处理。$\Delta SIZE$ 表示公司规模的变动差额，等于 $Asset$（post）和 $Asset$（pre）的自然对数之差。ΔLEV 表示资产负债率的变动差额。ΔROA 表示总资产回报率的变动差额。

其中，$Asset$（post）和 $Asset$（pre）、LEV（post）和 LEV（pre）、ROA（post）和 ROA（pre）以及 CFO（post）和 CFO（pre）均分别取年末（即第四季度）和第三季度的时点值。本书预期 $\Delta SIZE$、ΔROA 和 ΔCFO 估计系数的符号为负，而 ΔLEV 的估计系数为正。

此外，为了尽量保证信息披露前后窗口期间内的清洁，本书还控制了上市公司并购事件公告信息。$M\&A$（post）指在年报披露后一个月（即$[0,30]$ 天）发生并购公告事件；$M\&A$（pre）指在年报披露前 1 个月（即 $[-30,0)$）期间发生并购公告事件。$\Delta M\&A$ 等于 $M\&A$（post）与 $M\&A$（pre）之差，

---

① 本书也曾尝试用公司债券信用评级的变化度量违约风险的变动，但通过对公司债券信用评级数据的具体搜集和整理发现，在上市公司自愿披露内部控制审计报告前后鲜见公司债券信用评级发生变化，故选择采用国内外广为使用的 KMV 模型计算违约距离度量违约风险。

可能的取值为 0、－1 和 1。对于广大投资者来说，并购事件可能是"好消息"，也可能是"坏消息"，这需要投资者自身的判断，因此，本书对其符号不进行预测。

表 6 - 1　主要变量定义与说明

变量	名称	定义与运算
Yield	债券到期收益率	根据市场交易数据求解的公司债到期收益率
YTM	国债到期收益率	根据市场交易数据求解的国债到期收益率
Spread	信用利差	公司债与其同期可比国债的到期收益率之差
ICA	自愿披露内控审计	公司自愿披露正面内控鉴证报告取值为 1，否则为 0
DD	违约风险	KMV 模型求解违约距离，违约距离越大，信用风险越低
CFO	经营现金流	经营活动现金流/总资产
SIZE	公司规模	期末总资产的自然对数
LEV	财务风险	期末资产负债率
ROA	盈利能力	总资产回报率
M&A	并购活动	如果公司在指定期间发布了并购公告取值为 1，否则为 0

6.3　实证检验与结果分析

6.3.1　描述性统计

　　表 6 - 2 列示了未披露内部控制审计报告组和披露内部控制审计报告组各个变量的描述性统计结果。从债务资本成本 *Spread* 的降低幅度来看，无论是均值还是中位数，自愿披露内部控制审计报告的公司都显著大于未披露内部控制审计报告的公司，这可能说明上市公司自愿披露内部控制审计能够发挥信号释放的功效，降低其债务资本成本。因此，假设 6 - 1 得到了初步的支持。从控制变量来看，与未披露内部控制审计报告的上市公司相比，自愿披露内部控制审计报告的上市公司，其违约距离和现金流的增加更为显著，表明这类公司违约风险显著更低。

表6-2　变量描述性统计

ICA 分组	未披露内控鉴证报告的公司（N=146）				披露内控鉴证报告的公司（N=134）			
变量	最小值	最大值	均值	中位数	最小值	最大值	均值	中位数
$\Delta Spread$	-0.681	1.517	-0.059	-0.042	-2.426	0.399	-0.134*	-0.076*
ΔDD	-1.394	1.397	0.331	0.423	-1.218	1.786	0.462**	0.473*
ΔCFO	-0.335	0.169	0.009	0.0134	-0.087	0.319	0.015*	0.016*
ΔYTM	-0.567	0.196	-0.104	-0.071	-0.388	0.213	-0.089	-0.072
$\Delta SIZE$	-0.194	0.671	0.050	0.040	-0.081	0.311	0.050	0.033
ΔLEV	-0.131	0.238	0.005	0.002	-0.101	0.113	0.001	0.001
ΔROA	-3.446	12.583	1.690	1.447	-4.520	7.315	1.887	1.718
$\Delta M\&A$	-1	1	-0.03	0	-1	1	-0.04	0

注：基于组间差异比较进行的均值差异 T 检验和中位数差异 Mann – Whitney U 检验（双尾），**和*分别表示在5%和10%水平上显著。ICA =0 时表示上市公司未披露内部控制审计报告，ICA =1 时表示上市公司自愿披露了正面意见的内部控制审计报告。

6.3.2　相关性分析

表6-3列示了各变量的 Pearson 和 Spearman 相关分析矩阵结果。从相关系数分析，不难发现：①从解释变量来看，自愿披露内部控制审计与否（ICA）和债券融资成本（Spread）变动之间的 Pearson 和 Spearman 相关系数分别为 -0.114 和 -0.103，并都在10%水平上显著；②从控制变量来看，公司违约距离（DD）、现金流（CFO）、国债到期收益率（YTM）、财务风险（LEV）和盈利能力（ROA）的变动与债务资本成本（Spread）的变动之间存在显著的相关关系。③从相关系数数值大小来看，除 ΔLEV 和 $\Delta SIZE$ 之间的 Pearson 相关系数达到 0.520 外，其余各变量的相关系数大都在 0.5 以下，因而多元回归中的多重共线性影响可以忽略不计；另外，从多元线性回归结果表6-4中的 VIF 最大值不超过2来看，本书构建的模型也不存在严重的多重共线性问题。从整体来看，单变量分析结果基本与理论预期相符，但因为尚未控制其他变量的影响，故还需要进行多元回归分析才能得到更稳健的经验证据。

表 6-3 各变量相关性分析

变量	$\Delta Spread$	ICA	ΔDD	ΔCFO	ΔYTM	$\Delta SIZE$	ΔLEV	ΔROA	$\Delta M\&A$
$\Delta Spread$	1	− 0.103 *	− 0.105 *	− 0.142 **	− 0.107 *	− 0.020	0.143 **	− 0.141 **	0.011
ICA	− 0.114 *	1	0.099 *	0.000	0.033	0.010	− 0.037	0.072	− 0.003
ΔDD	− 0.142 **	0.113 *	1	0.113 *	− 0.071	0.099 *	0.068	0.064	0.012
ΔCFO	− 0.207 ***	0.062	0.090	1	0.091	− 0.051	− 0.040	0.146 **	− 0.044
ΔYTM	− 0.119 *	0.058	− 0.061	0.132 *	1	− 0.076	− 0.032	− 0.061	− 0.035
$\Delta SIZE$	− 0.009	− 0.001	0.092	− 0.103 *	− 0.138 *	1	0.496 ***	− 0.002	− 0.008
ΔLEV	0.110 *	− 0.055	− 0.041	− 0.236 ***	− 0.088	0.520 ***	1	− 0.317 ***	0.118 **
ΔROA	− 0.108 *	0.058	0.037	0.136 *	− 0.107	0.163 **	− .268 **	1	− 0.149 *
$\Delta M\&A$	− 0.017	− .003	− 0.014	− 0.042	0.012	− .0029	0.099 *	− .158 **	1

注：对角线右上为 Spearman 相关系数，对角线左下为 Pearson 相关系数。＊＊＊、＊＊、＊分别表示1％、5％和10％水平显著。

6.3.3 多元回归分析

表 6-4 列示了针对模型 6-1 进行的全样本多元线性回归结果，从中不难发现：

在全样本中，ICA 的系数为 − 0.065，且在 10% 的水平上显著，表明上市公司自愿披露内部控制审计报告，向市场释放了积极信号，广大投资者会给予其发行的债券以更高的定价，从而使得其债务资本成本显著降低。这同本书在表 6-2 中的组间差异比较结果是一致的。因此，在多元回归层面，支持了本书的假设 6-1，即自愿披露内部控制审计报告与否与公司债务资本成本变动负向相关。

表 6-4 全样本多元线性回归结果（$\Delta Spread$）

	全样本		
	系数	T 值	VIF 值
常数项	− 0.061	− 1.636	
ICA	− 0.065	− 1.685 * (0.093)	1.028

续表

	全样本		
	系数	T 值	VIF 值
ΔDD	-0.071	-1.936* (0.054)	1.051
ΔCFO	-1.565	-3.879*** (0.000)	1.098
ΔYTM	-0.099	-0.613 (0.540)	1.070
ΔSIZE	0.156	0.599 (0.550)	1.601
ΔLEV	1.490	2.214** (0.028)	1.724
ΔROA	-0.018	-1.447 (0.149)	1.286
ΔM&A	0.003	0.083 (0.934)	1.032
N	280		
Adj. R^2	8.0%		
F 值	4.547		
D-W 值	1.660		

注：***、**和*分别表示在1%、5%和10%水平下显著，括号内为 P 值。

6.4　基于产权性质的进一步分析

在我国特殊的新兴转轨制度背景下，国有经济在我国国民经济中仍然占据主导地位。国有企业通常为关系国计民生的重要和垄断行业的大型企业，普遍承担着战略性和社会性两方面的政策负担。作为其履行政策性负担的补偿，国有企业享有"预算软约束"，即其一旦发生亏损，政府通常通过追加投资、增加贷款、减免税收或提供财政补贴等方式加以扶持。由于我国资本市

场的建立和发展更多依赖国家行政干预而非市场机制，政府控制对资本市场有着根深蒂固的影响。在实践中，资本市场一度成为国有企业融资、解困的工具。因此，国有企业可以轻而易举地凭靠产权性质"借得"信用声誉，政府成为其发行公司债券的隐性担保人。

而国有产权性质对公司的这种隐性担保作用可能会削弱自愿披露内部控制审计报告在公司债市场发挥的信号显示作用。这是因为受到国家的政治和财务支持，国有产权的特殊性赋予了国有企业本身一定的声誉效应，甚至即使财务报表数据不真实，或者发生因经营不善等原因导致债券到期无力偿还，政府都很可能会为其"输血"乃至"埋单"（王兵、辛清泉等，2009），这在一定程度上抵消了审计师在验证财务报表和内控质量真实性中的鉴证作用。国有公司的"隐性担保"会降低债券投资者对发债公司自身违约风险进行分析和判断的关注度，因此，其自愿披露内部控制审计报告的信号显示功效应有所减弱。然而，在缺乏政府隐性担保的前提下，高质量非国有上市公司更加依赖自愿披露内部控制审计报告作为信号向投资者标明自己的类型，广大债券投资者为规避和降低自身的投资风险，应该会更加关注债券发行公司自身的偿债能力和财务信息可靠性。因此，对于非国有上市公司来说，其自愿披露内部控制审计报告的信号显示功效应该得以正常释放。由于本书采用变动模型，因此，对这一假设本书拟采取分组回归分析并比较组间回归系数差异的方法来加以验证。

假设6-2：产权性质会影响自愿披露内部控制审计报告的信号显示效果，即在其他条件不变的情况下，与非国有上市公司相比，自愿披露内部控制审计报告的国有上市公司，其债券融资成本降低的幅度较小。

为了更加直观形象地理解上述分析和假设，笔者构建了基于公司债市场的上市公司自愿披露内部控制审计报告信号显示行为的作用机理及产权性质影响该信号显示效果的分析框架，如图6-1所示。

为了验证假设6-2，本书按照产权性质①将样本进一步细分为国有上市公司和非国有上市公司两组，分别运用式6-1模型进行回归，如果两组的回归系数存在显著差异，且国有上市公司组回归系数显著低于非国有上市公司

---

① 本书沿用我国现有主流文献的通常做法，采用上市公司最终（或终极）控制人的性质划分考察产权性质。如果上市公司实际控制人为中央或地方政府则其产权性质为国有，否则为非国有。据此，本书的样本按照产权性质可以划分为国有上市公司和非国有上市公司两大类。

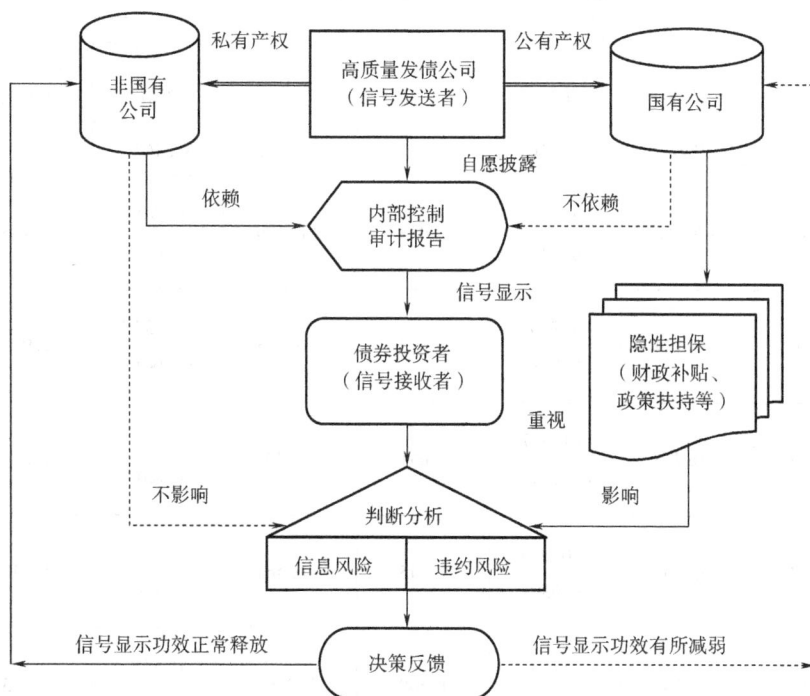

图 6-1 产权性质、信号显示行为及效果的分析框架

组，则假设 6-2 得以验证。在针对假设 6-2 的分组检验过程中，国有上市公司组和非国有上市公司组间自愿披露内部控制审计信息对债务资本成本变动的影响是否存在显著差异是本书的基本判断依据。

表 6-5 列示了按照产权性质分组进行的国有上市公司和非国有上市公司两个子样本多元线性回归分析。从表 6-5 中可以看出，无论产权性质如何，自愿披露内部控制审计报告与债务资本成本变动之间都显著负向相关，但在显著性水平上却存在差异，国有上市公司子样本组中 ICA 的回归系数为 -0.068，且在 10% 水平上显著；而对于非国有上市公司子样本而言，ICA 回归系数为 -0.179，且显著性上升到了 5% 水平，两组回归系数差异为 0.111。经由 Bootstrap 法得到的经验 P 值则进一步证实了上述差异在统计上的显著性，在该分组情况下对应的经验 P 值为 0.091，达到 10% 水平上显著。这说明，产权性质对于两者之间的负向关系产生了一定的影响，即相对于国有上市公

表 6 – 5　基于产权分组的多元线性回归结果（$\Delta Spread$）

	（1）国有公司			（2）非国有公司		
	系数	T 值	VIF 值	系数	T 值	VIF 值
常数项	– 0.029	– 0.716		– 0.251	– 3.246 * * *	
ICA	– 0.068	– 1.670 * (0.096)	1.053	– 0.179	– 1.970 * * (0.049)	1.103
ΔDD	– 0.124	– 1.929 * (0.058)	1.073	– 0.188	– 3.423 * * * (0.001)	1.095
ΔCFO	– 0.775	– 1.587 (0.114)	1.051	– 2.434	– 3.589 * * * (0.001)	1.294
ΔYTM	– 0.004	– 0.023 (0.982)	1.045	– 0.461	– 1.461 (0.149)	1.135
ΔSIZE	0.218	0.760 (0.448)	1.360	0.289	0.572 (0.569)	2.293
ΔLEV	1.097	1.406 (0.161)	1.524	1.748	1.439 (0.155)	2.292
ΔROA	– 0.035	2.522 * * (0.012)	1.205	– 0.014	– 0.558 (0.598)	1.671
ΔM&A	0.011	0.289 (0.773)	1.039	– 0.066	– 0.908 (0.367)	1.131
N	209			71		
$Adj. R^2$	9.8%			25.4%		
F 值	4.401			4.175		
$D – W$ 值	1.740			1.742		

注：* * *、* * 和 * 分别表示在 1%、5% 和 10% 水平下显著，括号内为 P 值。

司来说，由于缺乏政府的隐性担保，广大投资者在公司债二级市场进行投资决策时，更加关注非国有上市公司的信息质量（由自愿披露内部控制审计报告所体现出）。这一结论初步支持了本书的假设6-2，即在其他条件不变的情况下，与国有上市公司相比，自愿披露正面内部控制审计报告的非国有上市公司，其债券融资成本降低的幅度更大。

在控制变量方面，上市公司债券融资成本（$\Delta Spread$）与违约距离（ΔDD）变动之间无论对全样本还是子样本都存在显著的负向相关关系。从显著性水平来看，非国有上市公司子样本组中回归系数对应的显著性明显高于全样本和国有上市公司子样本。这也从另一个侧面说明，产权性质对公司债市场定价可能存在的影响，即对于缺乏政府隐性担保的非国有上市公司而言，广泛投资者更加关注这类公司自身的违约风险和偿债能力。值得一提的是，从对经营活动现金流（CFO）的回归结果来看发现，经营活动现金流对于全样本和非国有上市公司子样本来说，其回归系数分别为-1.565和-2.434，且均达到1%水平上显著；而对于国有上市公司组而言，其系数降至-0.775，且没有通过统计意义上的显著性水平测试。这表明，国有产权的隐性担保作用可能会使广大投资者放松对公司本身违约风险和偿债能力的关注。

6.5 稳健性检验

为了使研究结论更加稳健，本书进行了如下两方面的敏感性测试：

（1）对于发行多只公司债的公司，本书基于加权平均债券信用利差估算公司总体的信用利差，即采用流通在外的某一公司债的数额占公司流通在外的所有交易债券的总额作为权重，重新对假设6-1和假设6-2按照全样本及国有上市公司和非国有上市公司两个子样本分组分别进行了多元线性回归。研究发现，与本书报告的使用所有债券的回归结果相比，采用加权平均信用利差按照发行公司数量合并样本后具有相似的结果，研究结论没有实质性差异，具体结果如表6-6所示。

表6-6 基于样本修正的稳健性检验（ΔSpread）

	(1) 全样本			(2) 国有公司			(3) 非国有公司		
	系数	T 值	VIF 值	系数	T 值	VIF 值	系数	T 值	VIF 值
常数	-0.085	-2.178		-0.046	-1.172		-0.246	-3.158 ***	
ICA	-0.088	-1.825 *	1.031	-0.096	-1.793 *	1.070	-0.185	-1.990 **	1.101
ΔDD	-0.086	-2.087 **	1.055	-0.091	-2.189 **	1.092	-0.178	-1.912 *	1.095
ΔCFO	-1.697	-4.108 ***	1.107	-0.950	-1.893 *	1.065	-2.440	-3.584 ***	1.294
ΔYTM	-0.158	-0.915	1.065	-0.038	-0.197	1.037	-0.447	-1.407	1.134
ΔSIZE	0.110	0.415	1.597	0.166	0.565	1.348	0.305	0.805	2.288
ΔLEV	1.458	2.078 **	1.765	0.940	1.143	1.565	1.809	1.466	2.310
ΔROA	-0.023	-1.759 *	1.297	-0.046	-3.100 ***	1.223	-0.015	-0.598	1.698
ΔM&A	-0.007	-0.192	1.028	-0.001	-0.026	1.033	-0.067	-0.921	1.135
N	246			176			70		
Adj. R^2	9.6%			10.7%			25.4%		
F	4.271			4.186			4.157		
D-W	1.650			1.728			1.744		

注：＊＊＊表示在1%水平下显著，＊＊表示在5%水平下显著，＊表示在10%水平下显著。

（2）考虑到行业差异可能对本书的结论产生影响，本书将样本进一步限定为占样本总体达到60%的制造业公司和房地产业公司，重新检验了假设6-1,如表6-7所示，研究结论在该样本组回归中甚至得到了强化①。

基于上述敏感性分析发现，本书的研究结论是比较稳健的。

表6-7 基于行业限定的稳健性检验

	房地产和制造业			
	系数	T 值	P 值	VIF 值
常数	-0.118	-2.317 **		
ICA	-0.095	-1.731 *	0.085	1.043
ΔDD	-0.068	-1.075	0.284	1.069

---

① 在全样本中，制造业上市公司发行公司债87只，房地产业上市公司发行公司债80只，二者之和占样本总体比例高达60%。

	房地产和制造业			
	系数	T 值	P 值	VIF 值
ΔCFO	−1.805	−3.460***	0.001	1.131
ΔYTM	−0.249	−1.089	0.278	1.094
$\Delta SIZE$	0.206	0.604	0.547	1.640
ΔLEV	1.263	1.446	0.150	1.675
ΔROA	−0.022	−1.338	0.183	1.399
$\Delta M\&A$	−0.048	−0.992	0.323	1.039
N	167			
Adj. R^2	9.9%			
F	4.128			
D − W	1.921			

注：＊＊＊表示在1%水平上显著，＊＊表示在5%水平上显著，＊表示在10%水平上显著。

6.6 本章小结

本章以我国公司债市场2007—2011年间公开发行的公司债为研究样本，运用信息经济学和契约经济学理论，深入分析了上市公司自愿披露内部控制审计报告在我国公司债二级市场定价中所发挥的信号显示功能，检验了自愿披露内部控制审计信息与公司债务融资成本变动间的关系。在研究设计上，选取自愿披露内部控制审计报告前后［−30，−3］和［3，30］期间信用利差均值的差额作为二级市场上公司债务资本成本变动的度量方法，采用纵向变动模型（change model）设计和多元线性回归分析（OLS）方法加以实证检验，并运用 Bootstrap 组间回归系数差异比较考察了我国特殊制度背景下产权性质差异对自愿披露内部控制审计报告信号显示作用的影响。经验研究结果表明：

（1）上市公司自愿披露内部控制审计报告能够向资本市场传递上市公司内部控制运行有效和财务信息真实可靠的积极信号，有利于公司债券持有人

或者潜在投资人对公司的价值和风险做出更准确且乐观的估计，他们会对上市公司自愿性内部控制审计行为予以定价，进而显著降低上市公司的债务融资成本。

（2）针对不同产权性质做分组回归的进一步分析发现，国有产权提供的隐性担保会弱化自愿披露内部控制审计报告的信号显示功效。与非国有上市公司相比，自愿披露内部控制审计报告的国有上市公司，其债券融资成本降低的幅度较小。

7

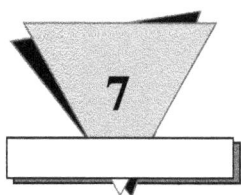

自愿性内部控制审计披露与银行借款成本：深市 A 股经验证据

　　与股票和债券融资相比，银行贷款融资无疑是我国上市公司更为普遍的一种融资渠道。考虑到银行借款作为上市公司私有债务融资的重要性和广泛性，深入考察自愿内部控制审计与银行借款成本间的关系无疑具有重要的理论价值与现实意义。基于我国现实的制度环境，本章将从银行借款成本角度着手，试图分析内部控制审计报告的自愿披露对银行长期贷款定价决策产生的可能影响。即上市公司自愿披露内部控制审计报告能否发挥信号显示作用，从而使其获得利率较低的银行借款；并通过分组检验进一步考察这一信号显示作用的效果是否会受到上市公司产权特征的影响。这些正是本章预期解决的核心问题。

7.1　理论分析与研究假设

　　在我国当前新兴加转轨的经济环境下，市场经济发展迅猛但相应机制还不够成熟，资本市场的资源配置功能并未得到有效发挥，银行贷款仍是企业融资的主要手段。因此，银行在我国市场经济中扮演着极其重要的角色。银行放贷时主要关心两点：一是贷款利率，二是还贷风险。银行的期望收益取决于借款人的还款概率，因此，银行在进行放贷决策前需要辨别和评价借款人的还贷能力。尽管，银行作为金融机构有搜集和处理有关借款人的公开和私有信息的能力，较之资本市场其他参与者在监管和审查借款人方面都具有优势（祝继高、陆正飞和张然等，2009）。但为此，银行不得不建立授信管理机制、引入客户信用评级体系或贷款风险分类制度等多种"甄别"手段，这势必会增加银行的运营成本。

　　在信贷市场上，银行贷款属于间接金融产品，资金从资金盈余方到资金短缺方往往经过银行中介，此时所有风险都集中于商业银行。如前文对公开债务市场分析所述，和公司其他外部投资者一样，银行也无法亲自参与公司的日常经营和管理活动。在公司的内部经营状况方面，资金使用者（具体也可指上市公司的管理决策层）比资金提供者（银行）拥有更多的内部信息。由于过度自信或为了追求个人私利，他们有动机利用这种信息优势在事前谈判、契约订立或事后资金使用等一系列过程中损害资金提供者的利益，使资金提供者承担过高的风险。银企间存在的信息不对称会导致资金提供者（银行）的逆向选择行为，即在信息透明度较低的情况下，银行通过提高其提供

给借款人的资金价格来进行自我保护。银企双方如何成功地解决信息不对称问题，降低逆向选择发生的概率，进而促进信贷资金的合理配置，是学术界与实务界探讨的重要问题。逆向选择的存在可能导致市场完全失灵的严重后果，既然问题由信息不对称而产生，那么最直接的解决之道当然就是通过可行的办法来降低信息的不对称程度。通过自愿披露进行信号显示是缓解逆向选择问题的一个有效机制。这是因为信息披露机制作为公司治理结构的重要组成部分，在资本市场发挥着重要的作用，高质量的信息披露有利于引导资源的合理流动与配置，能够提高资本市场的效率（于富生和张敏，2007）。

内部控制有效性对于公司财务信息可靠性及经营风险控制的重要性是毋庸置疑的（林斌和饶静，2009）。Schneider & Church（2008）调查搜集了111名信贷员提供的数据，发现他们对公司的信用评级会受上市公司披露的内部控制审计报告意见的影响。研究表明，负面的内部控制审计意见会降低财务报告标准无保留意见的保证，且对信贷方的贷款决策和风险判断产生负面影响，进而增加公司债务融资成本。在非强制内部控制审计环境下，高质量公司主动聘请外部审计的行为可以视为一种旨在提高自身内部控制有效性、财务报告可靠性和信息质量披露策略的自愿承诺。内部控制质量越高的公司越有可能基于信号显示的意图披露由外部审计师出具的内部控制审计报告，以弥合资本市场的信息不对称。与此同时，借助自愿审计的可靠承诺对于外部利益相关者而言是有信息价值的（Diamond and Verrecchia，1991；Leuz and Verrecchia，2000）。在债务缔约情况下，自愿内部控制审计可以减轻银行机构面对的事前信息不对称并降低事后债务监管和再谈判成本，从而有助于债务缔约（Jensen and Meckling，1976；Blackwell et al.，1998；Bharath et al.，2008；Kim et al.，2009）。一方面，正面意见的内部控制审计报告能够对企业财务信息的可靠性提供合理保证，提升信贷决策所依赖的信息质量，有助于银行机构更加准确地估计公司价值和未来现金流，正确评价公司的还贷风险及履约情况，从而降低银行面临的信息风险。已有研究表明，高质量的信息披露能够有效地降低银行的信贷风险，缓解公司面临的债务融资约束。信息质量高的公司更容易获得银行借款（徐玉德等，2011）。因此，银行会降低发放给自愿披露内部控制审计报告公司贷款所要求的风险溢价，进而降低公司的银行借款成本。另一方面，高质量内部控制意味着公司处于良性健康的运营环境和有效监控之下，有助于公司控制其经营风险并降低管理层滥用或侵

占公司现金流的发生概率（Lambert et al.，2007），保证其经营目标的顺利实现，有利于实质性地降低银行对公司还贷风险的估计水平，从而降低这类申贷公司的借款利率。由此提出本章的基本假设：

假设 7 −1：在控制其他影响因素的前提下，与未披露内部控制审计报告的公司相比，自愿披露正面内部控制审计报告的公司银行借款成本显著较低，即自愿披露正面内部控制审计报告的上市公司更容易从银行获得利率较低的长期贷款。

7.2 研究设计

7.2.1 银行借款成本的度量

如前所述，资本成本可以分为事前资本成本和事后资本成本。在财务决策中，债务成本指的是新债务成本即新筹债务的增量成本，而不是现有债务的成本。一般来说，新债务的成本均不同于现有债务的成本。长期借款的事后资本成本是指企业为筹集和使用银行长期借款而实际付出的代价，包括筹资过程中发生的手续费用，以及在使用过程中支付的资本使用费（即利息支出）等。现有研究对于银行借款成本的衡量有所差别。Zou & Adams（2008）对债务成本的度量方法，采用（利息支出＋资本化利息）／（年平均长期借款＋年平均短期借款）来表示公司的债务融资成本，Sanchez – Ballesta & Garcia – Meca（2011）采用公司实际支付的利息费用/有息借款总额的比值度量公司的债务成本，姚立杰、罗玫和夏冬林（2010），以及 Kim 等（2011）则以利息支出/当年平均债务总额作为银行借款债务成本的代理变量。借鉴李广子和刘力（2009）、Pittman & Fortin（2004）、蒋琰（2009）等的前期成果，魏志华、王贞洁等（2012）采用两个指标来度量债务融资成本：一是利息支出占比，等于利息支出/公司总负债；二是净财务费用占比，等于净财务费用/公司总负债，其中，净财务费用等于利息支出、手续费支出和其他财务费用之和；长短期借款平均余额等于短期借款、长期借款和一年内到期的长期借款的期初和期末的平均额。胡奕明、唐松莲（2007）在其研究中手工收集了上市公司年报附注中披露的当年每笔新增短期或长期贷款的明细信息（具体包括借款金额、起止时间和年利率水平等），采用公司当年所有新增短期和

长期贷款的加权平均利率水平度量银行借款成本。祝继高、陆正飞和张然等（2009）也采用与胡奕明、唐松莲（2007）同样的方式度量债务融资成本，为了保证获取的样本借款信息更加完整，他们还将国泰君安（CSMAR）中国上市公司银行贷款研究数据库提供的银行借款公告信息与从上市公司财务报表附注中手工收集的银行借款信息进行整合。

从上述文献的梳理来看，债务融资成本度量方法可以归纳为两类：一是事后存量计量法，二是事前流量计量法。前一种方法没有严格区分上市公司的负债来源，度量上有失针对性，后一种方法则着眼于动态决策过程。由于本章立足于银行借款私有债务市场，考虑到本章的研究目标及前文分析的信号显示作用机制，后一种方法更适合本章的研究需要。因而，本书借鉴胡奕明、唐松莲（2007），祝继高、陆正飞和张然等（2009）的做法，考察银行在向申请贷款的上市公司发放新增长期贷款的决策中，有无考虑最近一期上市公司披露的内部控制信息，是否给予自愿披露内部控制审计报告的上市公司以较低的利率定价？因此，某一上市公司的年度银行借款成本可以由其当年所有新增长期借款按照借款金额比重求得的加权平均年利率水平来替代，具体测算方法可以表示为：

$$银行借款成本 = \frac{\sum 当年每笔新增银行长期借款的年利率 \times 借款金额}{\sum 当年每笔新增银行长期借款金额} \quad (7-1)$$

其中，借款金额一律以人民币为记账货币，上市公司公布的银行借款利率统一为年利率。

7.2.2　模型设计和变量定义

在明确银行长期借款资本成本度量方法后，为了检验本章的研究假说，本书构建了如下模型，以考察上市公司自愿披露内部控制审计报告对其长期借款成本可能产生的经济影响：

$$Cod = \beta_0 + \beta_1 ICA + \beta_2 State + \beta_3 Lev + \beta_4 Sec + \beta_5 Turnover + \beta_6 ROA + \beta_7 Cash + \beta_8 Growth +$$

$$\beta_9 Size + \beta_{10} One + \beta_{11} Iscore + \beta_{12} Ao + \sum Ind_i + \sum Year_j + \varepsilon \quad (7-2)$$

1）被解释变量

在式7-2模型中，被解释变量为 Cod，表示某一上市公司的年度银行借款成本，是以当年所有新增长期借款按照借款金额占当期全部长期借款金额之和的比重测算求得的加权平均年利率水平，如式7-1所示。

2）解释变量

解释变量为 ICA，表示上市公司是否自愿披露了正面意见的内部控制审计报告的哑变量，如果上市公司自愿披露了正面意见的内部控制审计报告取值为 1，否则为 0。根据前文的理论分析，如果上市公司自愿披露了正面意见的内部控制审计报告能够发挥信号显示的作用，显著降低上市公司的银行借款成本，那么解释变量 ICA 的系数符号应该显著为负。

3）控制变量

首先，借鉴 Pittman & Fortin（2004），Kim 等（2011），李广子和刘力（2009），蒋琰（2009），姚立杰、罗玫和夏冬林（2010）以及魏志华和王贞洁（2012）等关于上市公司债务资本成本的研究文献，本书控制了公司规模（Size）、负债比率（Lev）、固定资产担保比例（Sec）、成长机会（Growth）、盈利能力（ROA）、资产周转率（Turnover）、现金流量（Cash）、第一大股东持股比率（One）、年报审计意见（Ao）等因素对上市公司债务融资成本的可能影响。

其次，深圳证券交易所按照《上市公司信息披露工作考核办法（2001）》规定，自 2001 年以来持续对上市公司年度的信息披露工作进行考评，形成 A（优秀）、B（良好）、C（及格）和 D（不及格）4 个等级，并纳入上市公司诚信档案在其网站上公开发布。国内一些学者将这一信息披露考评作为信息质量的替代变量，考察其对债务融资约束和融资成本的影响并获得了经验数据支持（徐玉德、李挺伟和洪金明，2011；魏志华和王贞洁等，2012）。因此，为了控制其他信息披露对银行贷款决策的可能影响，本书对深市信息披露评级（Iscore）也进行了控制。

最后，考虑到宏观环境和行业差异可能对银行进行贷款定价决策的影响，在该模型中本书也对行业和年份设置了虚拟变量加以控制。具体的变量定义与预测符号详见表 7 − 1。

表 7 − 1　变量名称及释义

变量性质	变量标识	变量名称	变量定义	预测符号
被解释变量	Cod	银行借款成本	$Cod = \dfrac{\sum \text{当年每笔新增银行长期借款的年利率} \times \text{借款金额}}{\sum \text{当年每笔新增银行长期借款金额}}$	

续表

变量性质	变量标识	变量名称	变量定义	预测符号
解释变量	ICA	自愿内控审计	自愿披露正面内部控制审计报告取值为1，否则为0	−
控制变量	State	产权性质	如果上市公司实际控制人为中央或地方政府则是国有产权，取值为1，否则为0	−
	Lev	负债比率	年度资产负债率＝负债总额/总资产	+
	Sec	担保比率	固定资产占比＝年度固定资产净值/总资产	−
	ROA	盈利能力	资产收益率	−
	Growth	成长能力	同比销售收入增长率	−
	Turnover	偿债能力	总资产周转率	−
	Cash	现金流量	经营现金流量净额/平均总资产	−
	Size	公司规模	总资产的自然对数	−
	One	股权集中度	第一大股东持股比率	+
	Ao	年报审计意见	年度财务报告获得非标审计意见取值为1，否则为0	+
	Iscore	信息质量	深市披露的信息质量评级：不合格＝2，合格＝3，良好＝4，优秀＝5	−
	$Year_i$	年份虚拟变量	以2008年为参照系，加入2009、2010和2011三个年份虚拟变量，当某一年取值为1时，其他年份取0	?
	Ind_j	行业虚拟变量	按照证监会行业大类分类标准，以某一行业为参照系，控制其余行业	?

7.2.3 样本选择与数据来源

1）样本选择

（1）首先确定银行长期借款成本。对于银行借款明细（主要包括借款金额、起止时间和年利率等）信息披露不全的公司予以剔除；在银行长期借款信息整理过程中，若采用浮动利率、基准利率和市场利率确定贷款利率的均以当期中国人民银行发布的对应年限的贷款基准利率为准，若采用SHIBOR、

EURIBOR、HIBOR 或 LIBOR① 加基点确定贷款利率的，由于相关基准数据难以获得，同时为保证数据间的可比性，对此均予以剔除。

（2）由于 ST 公司在监管政策和披露要求上与其他上市公司不同，因此本书剔除在此期间被 ST 的上市公司，以保证样本性质的一致性。

（3）由于本研究需要用到上一年度的财务数据和内部控制信息，故剔除 IPO 当年的上市公司。

（4）由于研究过程中需要公司 2007—2010 年的财务数据，故剔除在此期间财务数据缺失的上市公司。

（5）为消除极端值影响，对主要连续变量指标进行上下 1% 分位数的剔除处理。

经过上述筛选和整理过程，最终得到 949 个公司/年样本，其中，研究期间样本的各年分布依次是：2008 年 186 个，2009 年 278 个，2010 年 250 个，2011 年 235 个；从是否自愿披露内部控制审计报告来看，自愿披露内部控制审计报告的有 265 个，占样本总体的 27.9%，未披露内部控制审计报告的有 684 个，占样本总体的 72.1%；从样本公司的产权性质来看，国有产权公司样本有 558 个，占样本总体的 58.8%，非国有产权公司样本有 391 个，占样本总体的 41.2%。本章采用 SPSS17.0、STATA11.0 和 Excel2003 等统计分析软件进行数据处理和回归分析。

2）数据来源

上市公司财务数据全部来自于万得（Wind）资讯金融数据库，银行借款公告信息和实际控制人数据均来自于国泰君安（CSMAR）数据查询系统。上市公司内部控制审计信息是通过阅读上市公司 2007—2010 年财务年报、内部控制自我评价报告和内部控制审计报告等进行手工搜集、整理而获得。上市公司财务报表取自于巨潮资讯网，深市信息披露评级来自深圳证券交易所网站发布的上市公司诚信档案。

---

① LIBOR（London Interbank Offered Rate）为伦敦银行同业拆借利率，是指伦敦银行同业市场拆借短期资金（隔夜至一年）的利率，代表国际货币市场的拆借利率，是最常用的短期利率基准之一，可作为贷款或浮动利率票据的利率基准，比如美元浮息票据的利率常以美元 3 个月期 LIBOR 加若干基点的方式订定。HIBOR（Hong Kong Interbank Offered Rate）为香港银行同行业拆借利率，是指在香港货币市场上，银行与银行之间的 1 年期以下的短期资金借贷利率，从伦敦同业拆借利率（LIBOR）变化出来。另外，从 LIBOR 变化出来的，还有上海银行同行业拆借利率（SHIBOR）、中国银行间同业拆借利率（CHIBOR）、欧元银行同业拆借利率（EURIBOR）、新加坡同业拆借利率（SIBOR）、纽约同业拆借利率（NIBOR），等等。

需要特别说明的是，根据本章的研究目标和数据需要，笔者手工收集整理了 2008—2011 年深市 A 股（不包括创业板）非金融类上市公司财务报表附注中披露的每笔当年新增长期有息银行贷款的起止时间、利率水平、借款金额以及借款条件；由于国泰君安（CSMAR）数据查询系统中的中国上市公司银行贷款研究数据库搜集汇总了上市公司发布的银行借款公告，为了尽可能获取较为完整的上市公司银行借款信息，本书将该数据库中提供的银行借款公告信息与从上市公司财务报表附注中手工收集的银行长期借款信息进行整合，并剔除重复的信息①。

7.3　实证结果分析

7.3.1　描述性统计

表 7 - 2 列示了未披露内部控制审计报告组和披露内部控制审计报告组各个变量的描述性统计结果。从银行借款成本 Cod 来看，自愿披露内部控制审计报告公司的均值和中位数分别是 5.760 和 5.605，低于未披露内部控制审计报告公司的均值 5.990 和中位数 5.760，这说明上市公司自愿披露内部控制审计可能会发挥信号释放的功效，降低其银行借款成本。从控制变量来看，与未披露内部控制审计报告的上市公司相比，自愿披露内部控制审计报告的上市公司，其有形资产的担保比率（Sec）、盈利能力（ROA）、资产周转比率（Turnover）、成长能力（Growth）和现金流量（Cash）的均值和中位数都显著较高，表明这类公司有相对较强的偿债能力和抵御风险能力。

表 7 - 2　主要变量描述性统计（ICA 分组）

ICA	未披露内部控制审计报告组（N = 684）					披露内部控制审计报告组（N = 265）				
变量	均值	中值	极小值	极大值	标准差	均值	中值	极小值	极大值	标准差
Cod	5.990	5.760	2.870	14.660	1.179	5.760	5.605	2.370	8.100	0.976
Size	21.926	21.844	19.273	25.355	1.080	21.836	21.671	19.350	25.504	1.116

---

① 在数据整理过程中发现，有些公司仅仅通过临时公告披露银行借款信息，有些公司则只通过年度财务报表附注披露银行借款信息，对二者的有效整合，能够尽可能地保证样本数据的完整性。

续表

ICA	未披露内部控制审计报告组 （N = 684）					披露内部控制审计报告组 （N = 265）				
变量	均值	中值	极小值	极大值	标准差	均值	中值	极小值	极大值	标准差
Sec	0.280	0.263	0.001	0.920	0.190	0.287	0.266	0.001	0.782	0.184
Lev	0.547	0.560	0.033	1.359	0.168	0.503	0.522	0.047	0.884	0.168
ROA	7.323	6.539	−8.625	28.846	6.179	7.957	7.302	−3.229	28.846	4.725
Turnover	0.720	0.621	0.000	5.827	0.512	0.751	0.670	0.014	3.243	0.451
Cash	0.048	0.053	−0.461	0.340	0.100	0.050	0.053	−0.432	0.391	0.096
Growth	0.178	0.145	−0.729	1.810	0.372	0.206	0.156	−0.654	2.410	0.337
One	35.922	33.535	3.690	82.446	15.734	38.266	37.360	9.450	80.600	14.542
Iscore	3.873	4	2	5	0.640	4.053	4	3	5	0.601

注：分组变量为 ICA，ICA = 0 时表示上市公司未自愿披露内部控制审计报告，ICA = 1 时表示上市公司自愿披露内部控制审计报告。

为进一步验证被解释变量银行借款成本 Cod 按照 ICA 分组的组间差异的显著性，本书着重对其进行了全样本组间差异检验，具体包括独立样本 T 检验和 Mann – Whitney U 检验。如表 7 – 3 所示，在独立样本 T 检验中，两组的均值之差为 0.230 （5.990 – 5.760），且在 1% 水平下显著；在非参数检验 Mann – Whitney U 检验中，两组的中位数之差为 0.155 （5.760 – 5.605），且也达到了 1% 水平下显著。上述分组差异检验的结果表明：自愿披露正面意见内部控制审计报告的上市公司，其银行借款利率显著低于未披露内部控制审计报告的上市公司。这说明自愿披露内部控制审计报告能够发挥信号显示的作用，显著降低上市公司的银行借款成本，因而假设 7 – 1 得到了初步验证。

表 7 – 3　组间差异检验 （ICA 分组）

因变量	分组变量		独立样本 T 检验		Mann – Whitney U 检验	
	ICA	N	均值	T 值	中位数	Z 值
Cod	0	684	5.990	3.056***	5.760	−2.163**
	1	265	5.760	(0.002)	5.605	(0.031)

注：分组变量为 ICA，ICA = 0 时表示上市公司未自愿披露内部控制审计报告，ICA = 1 时表示上市公司自愿披露内部控制审计报告；＊＊＊和＊＊分别表示 1% 和 5% 水平下显著，括号内为 P 值 （双侧渐进显著性）。

7.3.2 相关性分析

表7-4列示了各变量的 Pearson 和 Spearman 相关分析矩阵结果。从相关系数分析来看，不难发现：

（1）对于解释变量来说，自愿披露内部控制审计报告与否（ICA）和银行借款成本（Cod）之间的相关系数分别为 -0.091 和 -0.070，并分别达到1%和5%水平下显著；

（2）对于控制变量而言，State（产权性质）、Size（公司规模）、Sec（担保比率）、Turnover（资产周转率）、Cash（现金流）和 Iscore（信息披露考评）与 Cod（银行借款成本）之间都存在显著的相关关系，说明在回归模型中有必要对上述变量加以控制。

（3）从相关系数数值大小来看，各个变量之间的 Pearson 和 Spearman 相关系数均小于0.5，因而多元回归中的多重共线性影响可以忽略不计；另外，从多元线性回归结果表7-5中的 VIF 值均不大于2来看，本书构建的模型也不存在严重的多重共线性问题。

从整体来看，单变量分析结果基本与理论预期相符，但由于尚未控制其他变量的影响，故还需进行多元回归分析才能得到更稳健的经验证据。

7.3.3 多元回归分析

为了验证假设7-1，本书选择全样本进行多元线性回归。在回归过程中，由于 ICA 和 Iscore 都可能成为银行进行贷款决策考虑的信息因素，这里采用逐渐进入回归方程的方式，以便于更加细致地考察这两个变量之间的关系，回归结果如表7-5所示。通过表7-5可以看到：

首先，将上市公司是否自愿披露正面意见的内部控制审计报告的虚拟变量 ICA 加入到回归模型中，回归结果列（1）显示 ICA 的回归系数为 -0.129，且在10%水平下显著。这说明上市公司自愿披露正面意见的内部控制审计报告能够向商业银行机构传递上市公司内部控制有效和信息质量可靠的积极信号，有利于银行更准确地估计上市公司的偿债能力和违约风险，从而降低银行机构信贷决策面临的信息风险。因此，银行机构会给这类公司发放利率更低的长期银行借款。

表 7-4 主要变量相关性分析（Cod）

变量	Cod	ICA	State	Size	Sec	Lev	ROA	Turnover	Cash	Growth	One	Ao	Iscore
Cod	1.000	-0.070*	-0.103**	-0.074*	-0.150**	0.027	0.041	-0.147**	-0.099**	0.063	-0.005	-0.016	-0.083*
		0.031	0.002	0.022	0.000	0.410	0.212	0.000	0.002	0.053	0.882	0.632	0.010
ICA	-0.091**	1.000	-0.052	-0.045	0.023	-0.106**	0.080*	0.060	0.005	0.043	0.080*	-0.039	0.124**
	0.005		0.112	0.166	0.488	0.001	0.013	0.067	0.877	0.189	0.013	0.229	0.000
State	-0.114**	-0.052	1.000	0.320**	0.271**	0.171**	-0.175**	0.082*	0.124**	-0.045	0.072*	0.019	0.124**
	0.000	0.112		0.000	0.000	0.000	0.000	0.012	0.000	0.169	0.027	0.550	0.000
Size	-0.068*	-0.037	0.319**	1.000	0.073*	0.392**	0.003	0.052	0.036	0.030	0.070*	-0.022	0.214**
	0.036	0.250	0.000		0.025	0.000	0.919	0.110	0.271	0.363	0.031	0.498	0.000
Sec	-0.160**	0.016	0.275**	0.085*	1.000	-0.046	-0.086**	0.152**	0.349**	-0.037	0.001	0.087**	-0.023
	0.000	0.626	0.000	0.009		0.158	0.008	0.000	0.000	0.252	0.986	0.007	0.485
Lev	0.040	-0.118**	0.176**	0.365**	0.009	1.000	-0.279**	0.055	-0.109**	-0.066*	-0.007	0.025	-0.079*
	0.219	0.000	0.000	0.000	0.793		0.000	0.089	0.001	0.041	0.823	0.448	0.015
ROA	0.022	0.049	-0.156**	-0.006	-0.095**	-0.290**	1.000	0.179**	0.240**	0.202**	0.044	-0.022	0.226**
	0.493	0.132	0.000	0.850	0.004	0.000		0.000	0.000	0.000	0.180	0.489	0.000
Turnover	-0.079*	0.028	0.043	0.074*	0.025	0.081*	0.182**	1.000	0.181**	0.152**	0.089*	-0.081*	0.128**
	0.015	0.387	0.189	0.022	0.442	0.012	0.000		0.000	0.000	0.006	0.012	0.000
Cash	-0.129**	0.010	0.137**	0.007	0.328**	-0.130**	0.263**	0.130**	1.000	0.016	0.017	0.084**	0.039
	0.000	0.754	0.000	0.833	0.000	0.000	0.000	0.000		0.620	0.597	0.010	0.226

续表

变量	Cod	ICA	State	Size	Sec	Lev	ROA	Turnover	Cash	Growth	One	Ao	Iscore
Growth	0.062	0.035	-0.036	0.064	-0.062	-0.036	0.193**	0.135**	0.025	1.000	0.020	-0.159**	-0.001
One	0.025	0.068*	0.078*	0.092**	-0.008	-0.013	0.022	0.054	-0.022	0.026	1.000	-0.126**	0.154**
Ao	-0.035	-0.039	0.019	-0.034	0.073*	0.034	0.023	-0.067*	0.087**	-0.150**	-0.118**	1.000	-0.028
Iscore	-0.081*	0.127**	0.128**	0.243**	-0.021	-0.078*	0.194**	0.102**	0.058	0.010	0.139**	-0.038	1.000
	0.013	0.000	0.000	0.000	0.520	0.016	0.000	0.002	0.074	0.753	0.000	0.245	

注：**、*分别表示在置信度（双侧）为1%和5%水平上相关性是显著的；表中数据对角线右上角为 Spearman 系数，左下角为 Pearson 系数；样本量为 949 个。

表 7 - 5   多元线性回归结果分析 (*Cod*)

样本类型	全样本					
模型	(1)			(2)		
	系数	*T* 值	*VIF*	系数	*T* 值	*VIF*
常量	9.054	13.109 * * *		9.089	13.165 * * *	
ICA	- 0.129	- 1.827 *	1.137	- 0.121	- 1.705 *	1.143
state	- 0.166	- 2.404 * *	1.303	- 0.165	- 2.215 * *	1.316
Size	- 0.108	- 3.303 * * *	1.429	- 0.098	- 2.897 * * *	1.510
Sec	- 0.447	- 2.336 * *	1.451	- 0.460	- 2.405 * *	1.453
Lev	0.639	3.019 * *	1.427	0.591	2.768 * *	1.454
ROA	- 0.002	- 0.430	1.292	- 0.001	- 0.217	1.313
Turnover	- 0.116	- 1.589	1.449	- 0.106	- 1.456	1.458
Cash	- 0.174	- 0.497	1.338	- 0.181	- 0.517	1.339
Growth	0.000	0.093	1.068	0.000	0.028	1.070
One	0.003	1.375	1.047	0.003	1.730 *	1.055
Ao	- 0.107	- 0.592	1.051	- 0.112	- 0.616	1.051
Iscore				- 0.085	- 1.738 *	1.217
Ind$_i$	控制			控制		
Year$_j$	控制			控制		
Adj. R^2	34.1%			34.5%		
F 值	21.411			20.870		
D - W 值	2.125			2.128		
样本数量	949			949		

注：被解释变量为 *Cod*，表示银行借款成本；* * *、* *、* 分别表示 1%、5% 和 10% 水平下显著。

其次，将深市信息披露评级 *Isocre* 也加入到回归模型中。回归结果列（2）显示，*ICA* 和 *Iscore* 的回归系数分别为 - 0.121 和 - 0.085，且都在 10% 水平下

显著。这说明，银行机构在进行贷款决策时会全面考虑上市公司的信息披露情况，对能够传递上市公司信息质量的自愿披露和官方评级都会给予定价，该回归结果与本书的理论预期相一致。

结合组间差异比较（独立样本 T 检验和 Mann – Whitney U 检验）的分析结果表明，自愿披露正面意见的内部控制审计报告有助于降低上市公司的信息不对称，进而向外界传递自身高内部控制有效性和信息质量可靠的积极信号，从而降低商业银行的信贷风险，假设 7 – 1 得到验证。

从控制变量来看，产权性质（State）在全样本回归分析中的系数分别为 – 0.166 和 – 0.165，且达到 5% 水平下显著，说明与国有上市公司相比，非国有上市公司承担了显著更高的银行借款成本，这一结论与李广子、刘力（2009）及魏志华和王贞洁等（2012）的实证研究相一致；年报审计意见在上述全部回归分析中均不显著，其可能的原因在于：从对财务报表审计意见的统计分析中发现，949 个样本总体中只有 28 个公司/年样本获得了非标准无保留意见，不到样本总体的 3%。这说明除年报审计意见外，银行在进行贷款决策时还会综合考虑其他有助于显示和判断上市公司质量的信息来源。

模型在两个回归方程中的调整后 R^2 分别达到 34.1% 和 34.5%，说明该模型拟合优度较高，具有很好的解释能力。

7.4 基于产权分组的进一步检验

Stiglitz & Weiss（1981）指出在不完全信息市场上存在着信贷配给现象[①]。在现行的贷款利率下，不是所有的贷款申请人都能如愿地获得贷款。公司具有良好的政治关联（political connection）会使其更容易或以更低利率获得银行（特别是国有银行）的贷款（La Porta et al. , 2002；Sapienza, 2004；Khwaja and Mian, 2005）。本章的经验结果也支持了这一观点，即在我国现有的制度背景下，与非国有上市公司相比，国有上市公司的银行长期借款利率显著更低。借款人的声誉会对债务契约结果产生重要影响。上市公司可以从

---

① 所谓的信贷配给是信贷市场上常见的现象，有时特定的贷款申请人只能获得所申请贷款的一部分，有时一部分贷款申请人即使愿意支付更高的利率也得不到银行贷款。

政企间的密切关系借得良好的声誉，从而为其银行长期借款提供"隐性担保"，而国有产权提供的隐性担保可能会降低自愿披露内部控制审计报告在债务契约中的有用性。那么，这一现象对于银企间的债务契约是否同样存在呢？如本书前文对产权性质的分组考察一样，本章将样本进一步划分为国有上市公司组和非国有上市公司组，分别进行多元线性回归分析，回归结果具体对照表7-6的列（1）和（2）。

从表7-6的列（1）和（2）中可以看出，自愿披露内部控制审计报告与银行借款成本之间都呈现负向相关关系，但在显著性水平上却存在差异，国有上市公司子样本组中 ICA 的回归系数为 -0.091，没有通过统计意义上的显著性水平测试；而对于非国有上市公司子样本而言，ICA 回归系数达到 -0.130，且在 10% 水平下显著。但两组回归系数差异仅为 0.030，经由 Bootstrap 测试得到的经验 P 值为 0.126，没有达到统计意义上的显著性水平。这说明本章的经验结果并不支持产权性质对于两者之间负向关系的显著影响。这可能与银行机构对借款人信用和还贷风险的评价能力有关。

表7-6 基于产权分组的多元线性回归结果 (Cod)

样本类型	国有上市公司			非国有上市公司		
模型	(1)			(2)		
	系数	T 值	VIF	系数	T 值	VIF
常量	9.586	11.691***		9.020	6.463***	
ICA	-0.091	-1.473	1.157	-0.130	-1.728*	1.181
Size	-0.165	-4.166***	1.447	-0.048	-2.711**	1.553
Sec	-0.361	-1.653*	1.340	-0.489	-1.962*	1.820
Lev	0.520	1.803*	1.504	0.465	2.382**	1.569
ROA	0.010	1.350	1.577	-0.012	-1.771*	1.206
Turnover	-0.263	-2.428**	1.801	0.050	0.486	1.336
Cash	-0.216	-0.441	1.460	-0.004	-0.008	1.340
Growth	0.000	0.207	1.088	0.000	0.496	1.128
One	0.006	2.222**	1.112	0.002	0.561	1.221
Ao	0.054	0.246	1.099	-0.166	-0.523	1.083
Iscore	0.031	0.473	1.280	-0.184	-2.119**	1.290

续表

样本类型	国有上市公司			非国有上市公司		
模型	(1)			(2)		
	系数	T 值	VIF	系数	T 值	VIF
Ind_i	控制			控制		
$Year_j$	控制			控制		
$Adj.\ R^2$	30.5%			40.9%		
F 值	11.486			12.246		
D－W 值	2.124			2.060		
样本数量	558			391		

注：被解释变量为 Cod，表示银行借款成本；＊＊＊、＊＊、＊分别表示1%、5%和10%水平下显著。

7.5　稳健性检验

为了保证研究结论的稳健，本书采取以下两种方式进行稳健性检验：

一是本书选择有息长期银行借款为研究对象，由于银行长期借款利率没有小于零的情形，是典型的"删失数据"（Censored Data），因而借鉴魏志华和王贞洁（2012）的做法尝试采用 Tobit 回归分析重复前述研究，经验结果基本不受影响，具体回归结果如表7－7所示，ICA（自愿披露内部控制审计报告）的系数在全样本及非国有上市公司的3个回归模型中均与 Cod（银行借款成本）达到10%水平下的显著负相关。

二是以自愿披露内部控制审计报告的公司为研究样本，按照所属行业、资产规模等指标，采用1:1匹配方式进行配对研究（回归结果略），经验结果基本没有变化。

三是由于949个样本总体中仅有28个公司/年样本的财务报表审计意见获得了非标准无保留意见，为防止某一特征所带来的样本构成差异对本章研究结论产生的影响，将获得非标准无保留意见的28个样本予以剔除，并重新进行了回归分析（回归结果略），研究结论没有发生实质性变化。

通过上述敏感性测试发现，本章的研究结论是稳健的。

表 7 - 7　基于 Tobit Regression 的稳健性检验

变量	全样本		国有上市公司	非国有上市公司
	(1)	(2)	(3)	(4)
ICA	- 0.13 *	- 0.12 *	- 0.10	- 0.13 *
	(- 1.85)	(- 1.73)	(- 1.48)	(- 1.87)
State	- 0.17 * *	- 0.15 * *		
	(- 2.44)	(- 2.25)		
Size	- 0.11 * * *	- 0.10 * * *	- 0.16 * * *	- 0.05
	(- 3.35)	(- 2.88)	(- 4.05)	(- 0.71)
Sec	- 0.05	- 0.06	- 0.11	- 0.24
	(- 0.23)	(- 0.30)	(- 0.42)	(- 0.58)
Lev	0.49 * *	0.44 * *	0.40	0.30
	(2.27)	(2.06)	(1.40)	(0.91)
ROA	0.00	0.00	0.01	- 0.02 *
	(- 0.64)	(- 0.37)	(- 1.07)	(- 1.84)
Turnover	- 0.09	- 0.08	- 0.24 * *	0.06
	(- 1.28)	(- 1.16)	(- 2.27)	(- 0.59)
Cash	- 0.08	- 0.09	- 0.12	0.11
	(- 0.23)	(- 0.27)	(- 0.26)	(- 0.22)
Growth	- 0.07	- 0.08	- 0.08	- 0.01
	(- 0.80)	(- 0.89)	(- 0.74)	(- 0.05)
One	0.00	0.00 *	0.01 * *	0.00
	(- 1.62)	(- 1.75)	(- 2.28)	(- 0.81)
Ao	- 0.08	- 0.09	0.06	- 0.21
	(- 0.46)	(- 0.50)	(- 0.27)	(- 0.68)
Iscore		- 0.08 *	0.03	- 0.18 * *
		(- 1.64)	(- 0.39)	(- 2.19)
Constant	8.61 * * *	8.64 * * *	9.32 * * *	8.31 * * *
	(- 13.05)	(- 13.11)	(- 11.96)	(- 6.42)

续表

变量	全样本		国有上市公司	非国有上市公司
	（1）	（2）	（3）	（4）
Ind_i	control	control	control	control
$Year_j$	control	control	control	control
$Pseudo\ R^2$	14.43%	14.52%	13.96%	18.15%
N	949	949	558	391

注：＊＊＊、＊＊、＊分别表示在1%、5%和10%水平下显著，括号内为 T 值。

7.6　本章小结

本章通过手工收集和整理2008—2011年我国深市A股（不包括创业板）上市公司年度财务报表附注中披露的银行长期借款详细信息，采用加权平均长期借款年利率作为银行借款成本的代理变量，深入考察了自愿披露内部控制审计信息在银行贷款定价决策中的有用性，丰富了现有公司信息披露债务契约有用性的相关文献。研究发现：

（1）在控制银行信贷决策的其他影响因素后，上市公司自愿披露内部控制审计报告能够发挥信号显示作用，向银行机构传递公司自身内部控制有效和财务信息可靠的积极信号，正面影响银行机构对上市公司信息风险和实质性还贷风险的估计，给予这类公司以利率水平更为优惠的贷款。也就是说，自愿披露内部控制审计报告的公司更容易得到银行的青睐，在同等条件下，将会获得利率水平更低的银行长期借款。

（2）基于产权分组的进一步分析表明，尽管内部控制审计报告的自愿披露与银行借款成本之间的负相关关系在国有上市公司组和非国有上市公司组中的回归系数存在差异，且在国有上市公司样本组中 ICA 的回归系数并不显著，但经由 Bootstrap 测试后的经验 P 值却没有达到统计意义上的显著。因此，本章的经验结果没有证据表明国有产权性质提供的隐性担保作用会弱化上市公司利用自愿内部控制审计报告披露作为信号的显示效果。但对于非国有上市公司来说，要想获得低成本的银行借款，有效的内部控制和可靠的信息质量仍然非常重要。

8

研究结论、政策建议与未来展望

本章通过对前文理论分析与实证检验方面的主要研究内容进行归纳总结，提炼出本书的主要研究结论，并根据研究结论提出针对我国资本市场发展、内部控制信息披露与监管等方面的政策建议，最后，在剖析本书研究中存在不足的基础上指明未来的研究方向。

8.1 研究结论

本书立足于我国资本市场与信息披露环境，以信息不对称理论、信号传递理论、委托－代理理论和契约理论为理论基础，分别针对股票市场、公司债券市场和银行信贷市场，从资本成本的视角考察上市公司自愿披露内部控制审计报告的经济后果。本书综合采用规范研究与实证研究相结合的分析方法，按照"问题提出与背景分析→研究基础→机理分析→实证检验"的逻辑络脉逐步展开全文的研究。综合前文的理论分析和实证检验结果，本书可以得出如下主要研究结论。

结论 1：从与上市公司息息相关的资本成本视角考察自愿内部控制审计信息披露的经济后果，对于上市公司正确看待内部控制相关监管政策及其实施效果具有重要的现实意义。

通过对我国沪深两市（不包括创业板）上市公司 2007—2011 年年度报告或专项报告的手工收集和整理以及数据统计分析来看，在我国目前非强制性内部控制审计阶段，沪深两市 5 年间自愿披露内部控制审计报告的公司数共计 2 287 个，这些上市公司自愿地聘请审计师对其内部控制有效性进行审计并获得了标准无保留意见。从各年分布来看，2007 年 235 家，2008 年 308 家，2009 年 522 家，2010 年 560 家，2011 年 662 家。无论是各个板块还是 A 股市场整体，内部控制审计报告的自愿披露数量都呈现逐年上升的趋势，这与我国内部控制规范体系的逐步建立以及证券监督管理委员会和沪、深证券交易所等监管部门的积极倡导和稳步推进不无关系。通过上述数据分析不难看到：在自愿内部控制审计阶段，尽管有为数不少的上市公司自愿聘请审计师对其内部控制有效性进行了审计，为开展与内部控制相关的学术研究提供了新的研究契机和数据支持，但是，出于审计费用等信息成本增加的考虑，以及缺乏对内部控制审计应用价值的认识，更多上市公司则选择了"沉默"。因此，基于上述现实环境，从与上市公司息息相关的资本成本的视角考察自愿披露

内部控制审计信息的经济后果，对于上市公司正确看待内部控制相关监管政策及其实施效果具有重要的现实意义。

结论2：上市公司自愿披露内部控制审计报告能够发挥信号显示功能，降低上市公司的权益资本成本。

立足于内部控制审计的实施效果与市场反应，以2008—2012年沪深A股主板非金融类上市公司为研究样本，检验在我国资本市场信息披露环境下上市公司自愿性内部控制审计对权益资本成本的影响。与我国资本市场研究长期以来单纯采用实际数据测算资本成本不同的是，本书采用财务分析师盈利预测数据，运用Easton（2004）的PEG模型测算权益资本成本，进一步证实了我国分析师盈利预测的有用性和可用性。上市公司自愿披露内部控制审计报告能够向市场发送公司内部控制有效和信息质量可靠的积极信号，影响股票投资者对上市公司信息风险和经营风险的综合判断，使其对公司的价值和风险做出相对乐观的估计，从而降低上市公司的权益资本成本。

结论3：上市公司自愿披露内部控制审计报告作为高信息质量的替代变量，能够显著降低上市公司发行公司债券的初始成本。

利用2007—2011年间沪、深两市上市公司公开发行的公司债数据，以自愿披露内部控制审计报告作为信息质量的代理变量，通过路径分析深入剖析了发债公司的产权性质和信息质量对公司债定价的作用机理。研究发现，信息质量通过降低投资者面临的信息风险直接影响债券的初始定价，产权性质对公司债券定价则存在间接和直接两条影响路径：一是国有产权通过提供隐性担保影响信用评级机构对债券的信用评级，进而降低投资者面临的违约风险，从而使债券获得较低信用利差；二是国有产权作为公司的外显特征，能够直接为债券投资者所感知，进而影响投资者自身对债券违约风险的评价，从而使债券获得较低的信用利差。

在控制一些影响公司债定价的微观和宏观因素的基础上，综合考察产权性质和信息质量对公司债定价的影响，经验研究结果表明：总体而言，与非国有上市公司相比，国有上市公司的政府背景起到了隐性担保的作用，其在债券初始定价时的信用利差显著较低；作为高信息质量的代理变量，上市公司自愿披露正面内部控制审计报告能够向市场传递公司内部控制和信息质量的积极信号，有利于投资者对公司的价值和风险做出更准确的估计，进而显著降低公司债券在一级市场上的发行成本；但针对不同产权性质做进一步考

察，却没有在国有上市公司样本中发现信息质量对融资成本的治理作用，说明政府的隐性担保可能会使投资者忽视对上市公司信息质量的必要关注，降低自愿披露内部控制审计报告的信号显示作用，存在诱发道德风险的可能。

结论4：上市公司自愿披露正面意见的内部控制审计报告，能够发挥信号显示功能，显著降低其二级市场公开交易债券的融资成本。

针对公司债二级市场，将上市公司自愿披露内部控制审计报告作为考察事项，选取自愿披露内部控制审计报告前后［-30，-3］和［3，30］期间信用利差均值度量信息披露前后公司债二级市场的融资成本，并采用纵向变动模型（change model）设计和多元线性回归分析（OLS）方法来检验上市公司公开交易的债券融资成本是否会因上市公司自愿披露正面内部控制审计报告而有所降低。研究发现，上市公司自愿披露正面意见的内部控制审计报告，能够发挥信号显示功能，显著降低其公开交易债券的信用利差。但在我国特殊的制度背景下，这种信号显示作用会因产权性质的不同而有所差异。通过按照产权性质分组进一步研究发现，相对于非国有上市公司而言，国有上市公司自愿披露内部控制审计报告的信号显示强度有所减弱。这说明国有产权提供的隐性担保作用使得债券市场中的广大投资者在进行投资决策时，放松对国有上市公司内部控制和信息质量的相应要求，从而弱化上市公司自愿披露内部控制审计报告的信号显示效果。

结论5：上市公司自愿披露内部控制审计报告能够发挥信号功能，通过正面影响银行对企业信息风险和还贷风险的估计，使企业获得贷款利率较低的长期借款。

通过手工收集和整理2008—2011年我国深市A股（不包括创业板）上市公司年度财务报表附注中披露的银行长期借款详细信息，采用加权平均长期借款年利率作为银行借款成本的代理变量，深入考察了自愿披露内部控制审计信息在银行贷款定价决策中的有用性。研究发现，上市公司自愿披露内部控制审计报告会发挥信号显示作用，向银行机构传递公司自身内部控制有效和财务信息可靠的积极信号，从而正面影响银行机构对上市公司信息风险和实质性还贷风险的估计，从而给予这类公司以利率水平更为优惠的贷款，即自愿披露内部控制审计报告的公司更容易得到银行的青睐，在同等条件下，将会获得利率水平更低的银行长期借款。基于产权分组的进一步分析表明，尽管内部控制审计报告的自愿披露与银行借款成本之间的负向相关关系在国

有上市公司组和非国有上市公司组中的回归系数存在差异，但没有达到统计意义上的显著。因此，没有证据表明国有产权性质提供的隐性担保作用会弱化上市公司利用自愿内部控制审计报告披露作为信号的显示效果。

8.2 政策建议

笔者区分上市公司的不同融资来源构成，从资本成本的视角分别基于股票市场、公司债市场和银行信贷市场对上市公司自愿披露内部控制审计信息的经济后果进行了研究。研究发现，上市公司自愿披露内部控制审计报告的行为能够发挥信号显示的功能，有助于降低上市公司与外部投资者和债权人之间的信息不对称，向资本市场的资金提供者传递公司内部控制有效和财务信息可靠的积极信号，有利于投资者和债权人做出正确的投资或信贷决策，从而使得上市公司获得一个重要的好处——降低其在资本市场上的资本成本。通过本书的研究主要发现以下几方面问题或启示，具有一定的政策意蕴，可能值得政策制定者或资本市场参与者关注：

第一，密切关注和及时评价上市公司内部控制及其披露的经济后果，进一步完善上市公司内部控制信息披露和监管制度，稳步推进我国内部控制标准体系的全面实施。

上市公司自愿披露正面意见的内部控制审计报告能够向市场传递管理层对内部控制和信息质量的信心，同时消除上市公司与投资者和债权人等外部利益相关者之间的信息不对称，正面影响投资者对公司价值和风险的估计，从而降低上市公司的资本成本。从本书的研究结论可知，在自愿披露阶段，内部控制审计引起了我国资本市场参与者的重视，其积极的经济后果已初步显现，如何使内部控制应用及其评价和监管制度在执行过程中真正落到实处，巩固广大市场参与者对内部控制审计监管效率和效果的信心，是资本市场监管者面临的重要问题和难题。资本市场的发展需要发挥市场的约束机制，其中包括上市公司可靠透明的信息披露和注册会计师的独立审计（鉴证），这些离不开上市公司内部控制的建设和监管。本书的研究结论支持了上市公司内部控制审计及相应信息披露监管的合理性和必要性。因此，监管当局应该进一步规范上市公司的信息披露和监管政策，以保证上市公司信息披露的持续、全面和真实，以便投资者和债权人能够对市场信息做出及时反应，并通过市

场手段实现约束效应。内部控制审计作为我国企业有效披露内部控制信息的保障机制，使得投资者能够有效识别出企业内部控制评价报告的可靠性及内部控制水平，进而给予差异化对待并进行资本定价。因此，强化内部控制审计有助于企业内部控制标准体系的有效实施和市场效率的全面优化，这是本书研究结论的一个重要启示。与此同时，政府监管部门应该会同法律法规制定部门，加强有关内部控制信息披露行为监管的法律法规建设，进一步强化上市公司信息披露和审计师职业操守等的法律责任，加大违规处罚力度，从而更好地保护资本市场广大投资者的利益。

第二，要鼓励引导公司自治，将内部控制标准体系与监管政策逐步真正从外部压力转变为内生需要。

在自愿性信息披露阶段，高质量公司可以通过披露正面意见的内部控制审计报告获得好处，显著降低其在股票市场、债券市场和银行信贷市场的融资成本。因此，本书的研究结论有利于引导上市公司正确看待内部控制建设及其信息披露，从而提高上市公司聘请审计师对其内部控制进行审计并披露内部控制审计报告的内在动机。今后，随着我国内部控制审计强制披露阶段的到来，上市公司亦可以考虑在内部控制审计报告的保证程度和鉴证范围方面进行差别披露，以突显自身内部控制和财务信息的高质量，通过深入挖掘并有效发挥内部控制审计报告的内涵信号显示功效，把自身的内部控制建设情况纳入上市公司日常监管的范围，以便将自身从"柠檬市场"中区分出来，有利于增强上市公司执行内部控制及其配套指引的积极性和主动性。此外，面对国际市场经济竞争日趋激烈的环境，我国企业要顺利实施"走出去"战略，必须苦练内功、强化内部控制、防范风险，才能在世界舞台寻求更大的发展空间。企业内部控制规范体系的建立与实施，能够为我国企业的"走出去"战略提供"安全网"和"防火墙"。因此，上市公司的"当家人"要正确看待内部控制及其信息披露监管制度，要鼓励引导公司自治，将内部控制标准体系与监管政策逐步真正从外部压力转变为内生需要。

第三，大力发展公司债券要进一步扫清我国公司债券市场发展的障碍，这需要社会各界的共同努力。

对于公司债券市场来说，发债公司和债券投资者之间存在动态博弈，发债公司信号显示收到的效果会影响其信号显示动机的强弱。我国国有公司因其承担大量政策性负担，有动机要求政府给予融资、市场、司法保护等方面

的优惠，政府也在我国经济转型时期为其直接或间接融资行为承担了隐性担保的作用。在政企"互利"的背后，国有产权提供的政府隐性担保会弱化发债公司自愿披露内部控制审计的信号显示效果，使得债券持有者或潜在投资人忽视对上市公司内部控制和信息质量的必要关注，从而使得国有发债公司忽视自身内部控制的实质性建设和监控，而将内部控制制度流于形式，存在诱发国企高管道德风险的可能（如利益侵占和非效率投资等），将严重损害投资者和债权人的利益。同时，这也违背了公司债券本身的特征，不利于信用社会的建设，削弱了债券市场长期发展的基础，不利于社会资源的合理和有效配置。规范市场秩序和保证市场良性发展的关键，在于解除政府在证券市场上的隐性担保责任，从而提高证券市场的运行效率与功能效率（张宗新等，2001）。因此，主管公司债券发行的审批机构应该摘掉"有色眼镜"，减少对符合公司债发行条件的民营公司的融资歧视。这将有利于满足民营公司因高速成长而不断扩大的资金需求，促进民营公司与国有公司间在融资平台上的公平竞争，从而提高经济资源配置效率。此外，债券市场健康发展也需要建立风险分担机制，把风险识别和风险承担交给投资者，把信息揭示和风险提示交给中介服务机构，从社会层面防止政府隐性担保而滋生的道德风险。针对民营公司，可以考虑设立多层次的贷款担保基金和担保机构。

第四，会计师事务所应不失时机，提升内部控制审计服务质量，深入研究内部控制审计方法，增强内部控制审计能力。

目前，我国1 700多家上市公司分布于沪深主板、中小企业板和创业板，公司规模不同、所处行业多元化，现有的内部控制基础差距很大，这对注册会计师的执业能力提出了严峻的考验。对内部控制的建立和运行实施有效的外部监督，最大限度地发挥中介机构的职能，确保内部控制规范体系的执行质量，是我国注册会计师行业不可推卸的责任，同时也是会计师事务所谋求发展的绝佳机会。一方面，我国注册会计师行业应该加大人才引进与培养力度，尤其是精通风险评估、内部控制应用设计等方面的专门人才；另一方面，要强化内部控制审计的独立性，遵守职业道德规范，保持应有的职业谨慎态度，在内部控制审计业务与内部控制咨询业务之间建立清晰稳固的"分水岭"。

8.3　研究不足与未来展望

本书对自愿披露内部控制审计报告对资本成本的经济影响进行了较为系统而深入的探讨，以期从研究内容和方法上丰富和拓展自愿披露与资本成本相关问题的研究，并积累基于中国制度背景的相关经验证据。然而，由于个人能力和客观条件所限，本书尚存在一些不足之处，但这也正为未来研究指明了研究方向，成为今后深入研究的动力：

第一，本书研究了自愿披露对资本成本的影响，尽管大多数的经验研究表明自愿披露和资本成本横截面负向相关关系，但当披露本身是一项自愿选择而非强制规定时，经验结果的解释必须考虑内生性问题（Nikolaev and Van Lent，2005；Cohen，2008）。时至今日，仍然没有一个完美的模型能够克服和解决内生性问题。这也是本研究无法避免的一个问题，本书只能在计量方法的技术处理上运用滞后一期回归和差分模型等方法处理可能存在的自选择偏误问题。

第二，针对我国公开债务市场分别展开的公司债一、二级市场的研究，尽管选取的样本纵向跨越 5 年时间，但由于我国公司债券市场发展起步较晚，期间还经历一定的波折①，导致本书可用的样本总体规模不大，这也是本书在研究中无法克服的一个问题。随着我国债券市场的改革深化和公司债券市场的飞速发展，相信时窗向后延长很可能会提供一个更加完整、清晰的图像，这有待于今后的进一步研究。

第三，受限于研究数据搜集和处理问题，在针对私有债务市场上银行长期借款的研究中，笔者仅手工搜集和整理了 2008—2011 年间深市 A 股上市公司财务报表附注中披露的银行长期借款信息，缺乏对我国 A 股市场的整体检验，今后有必要将样本扩大至沪市 A 股的上市公司。同时，值得注意的是，在对可能影响银行机构进行贷款决策的信息因素进行控制时，由于上海证券交易所没有公开发布其对沪市上市公司的信息披露评级，在今后的大样本实证研究中应予以考虑，对于这一问题可以尝试采取"先总体分析、后局部考

---

① 2008 年 9 月，随着国际金融危机深化，我国资本市场受到波及。在新股发行进入暂停状态之后，公司债也陷入停滞状态。公司债暂停发行 10 个月之后，于 2009 年 7 月重启发行。

察"的方法加以解决。

第四，由于我国特殊制度背景导致自愿披露负面意见内部控制审计报告凤毛麟角，本书的研究实际上限于对自愿披露正面意见内部控制审计报告的经济后果研究，这给本项研究留下了一定的缺憾。

随着今后强制披露制度的全面推行，单纯立足自愿内部控制审计报告披露的研究机会将不复存在，但其他研究话题仍可进一步展开：

首先，内部控制审计报告中的内部控制缺陷披露将会成为今后关注和研究的重点方向，通过针对一家或多家公司开展案例研究，可以深入挖掘内部控制缺陷的成因及其市场反应。

其次，可以针对强制披露制度和自愿披露制度开展相关的比较研究，也可以针对强制披露制度的实施效果和经济影响展开相关研究。

最后，随着内部控制审计报告披露规范的完善以及证监会自 2013 年起年报披露差异化要求①的落实，必然为今后利用内容分析法（content analysis）进行信息披露的差异化研究铺平道路，利用内部控制审计报告披露的具体内容进行更加深入、细致的研究也将成为可能，可以针对内部控制审计的鉴证范围（企业层面和财务报告层面）、保证程度（合理保证和有限保证）以及审计师声誉等差异信息展开相关研究。

---

① 为提高上市公司透明度，增强上市公司年报披露的针对性和有效性，2012 年 9 月 21 日，中国证监会正式发布《公开发行证券的公司信息披露内容与格式准则第 2 号——年度报告的内容与格式 (2012 年修订)》（简称《年报准则》），自 2013 年 1 月 1 日起施行，强调鼓励自愿披露、非财务信息披露和差异化披露。

附　录

附录A　境内外同时上市公司及其信息

序号	A股代码	A股简称	境外上市交易所	境外股票代码	境外股票简称
1	000063	中兴通讯	香港联合交易所	763	中兴通讯
2	000157	中联重科	香港联合交易所	01157	中联重科
3	000338	潍柴动力	香港联合交易所	2338	潍柴动力
4	000488	晨鸣纸业	香港联合交易所	1812	晨鸣纸业
5	000585	东北电气	香港联合交易所	0042	东北电气
6	000666	经纬纺机	香港联合交易所	0350	经纬纺机
7	000756	新华制药	香港联合交易所	0719	新华制药
8	000898	鞍钢股份	香港联合交易所	0347	鞍钢股份
9	000921	ST科龙	香港联合交易所	00921	海信科龙
10	002202	金风科技	香港联合交易所	02208	金风科技
11	002490	山东墨龙	香港联合交易所	00568	山东墨龙
12	600011	华能国际	香港联合交易所	902	华能国际
			纽约证券交易所	HNP	—
13	600012	皖通高速	香港联合交易所	0995	安徽皖通
14	600016	民生银行	香港联合交易所	01988	民生银行
15	600026	中海发展	香港联合交易所	01138	中海发展
16	600027	华电国际	香港联合交易所	01071	华电国际电力股份
17	600028	中国石化	香港联合交易所	0386	中国石化
			纽约证券交易所	SNP	SINOPEC CORP
			伦敦证券交易所	SNP	SINOPEC CORP
18	600029	南方航空	香港联合交易所	1055	南方航空
			纽约证券交易所	ZNH	China Southern Air
19	600036	招商银行	香港联合交易所	03968	招商银行

续表

序号	A股代码	A股简称	境外上市交易所	境外股票代码	境外股票简称
20	600115	东方航空	香港联合交易所	0670	东方航空
			纽约证券交易所	CEA	—
21	600188	兖州煤业	香港联合交易所	1171	兖州煤业
			纽约证券交易所	YZC	—
22	600329	中新药业	新加坡证券交易所	—	—
23	600332	广州药业	香港联合交易所	0874	广州药业
24	600362	江西铜业	香港联合交易所	0358	江西铜业股份
25	600377	宁沪高速	香港联合交易所	0177	江苏宁沪
			纽约证券交易所	JEXWW	477373104
26	600548	深高速	香港联合交易所	00548	深圳高速
27	600585	海螺水泥	香港联合交易所	00914	海螺水泥
28	600600	青岛啤酒	香港联合交易所	00168	青岛啤酒
29	600685	广船国际	香港联合交易所	00317	广州广船
30	600688	上石化	香港联合交易所	00338	上海石化
			纽约证券交易所	SHI	—
31	600775	南京熊猫	香港联合交易所	0553	南京熊猫
32	600806	昆明机床	香港联合交易所	0300	昆明机床
33	600808	马钢股份	香港联合交易所	323	马鞍山钢铁
34	600860	ST北人	香港联合交易所	0187	北人印刷
35	600871	S仪化	香港联合交易所	1033	仪征化纤
36	600874	创业环保	香港联合交易所	1065	天津创业环保股份
37	600875	东方电气	香港联合交易所	1072	东方电气
38	600876	洛阳玻璃	香港联合交易所	01108	洛阳玻璃
39	601005	重庆钢铁	香港联合交易所	1053	重庆钢铁
40	601088	中国神华	香港联合交易所	01088	中国神华
41	601107	四川成渝	香港联合交易所	00107	四川成渝
42	601111	中国国航	香港联合交易所	0753	中国国航
			伦敦证券交易所	AIRC	AIRC
43	601186	中国铁建	香港联合交易所	1186	中国铁建

续表

序号	A股代码	A股简称	境外上市交易所	境外股票代码	境外股票简称
44	601288	农业银行	香港联合交易所	1288	农业银行
45	601318	中国平安	香港联合交易所	2318	中国平安
46	601328	交通银行	香港联合交易所	03328	交通银行
47	601333	广深铁路	香港联合交易所	00525	广深铁路
			纽约证券交易所	GSH	—
48	601390	中国中铁	香港联合交易所	00390	中国中铁
49	601398	工商银行	香港联合交易所	1398	工商银行
50	601588	北辰实业	香港联合交易所	0588	北京北辰实业股份
51	601600	中国铝业	香港联合交易所	2600	中国铝业
			纽约证券交易所	ACH	CHALCO
52	601601	中国太保	香港联合交易所	02601	中国太保
53	601618	中国中冶	香港联合交易所	1618	中国中冶
54	601628	中国人寿	香港联合交易所	2628	中国人寿
			纽约证券交易所	LFC	—
55	601727	上海电气	香港联合交易所	02727	上海电气
56	601766	中国南车	香港联合交易所	1766	中国南车
57	601808	中海油服	香港联合交易所	2883	中海油服
58	601857	中国石油	香港联合交易所	857	中国石油
			纽约证券交易所	PTR	—
59	601866	中海集运	香港联合交易所	02866	中海集运
60	601880	大连港	香港联合交易所	2880	大连港
61	601898	中煤能源	香港联合交易所	01898	中煤能源
62	601899	紫金矿业	香港联合交易所	02899	紫金矿业
63	601919	中国远洋	香港联合交易所	1919	中国远洋
64	601939	建设银行	香港联合交易所	939	建设银行
65	601988	中国银行	香港联合交易所	3988	中国银行
66	601991	大唐发电	香港联合交易所	991	大唐发电
67	601998	中信银行	香港联合交易所	0998	中信银行

数据来源：财政部官方网站，《我国境内外同时上市公司2011年执行企业内控规范体系情况分析报告》。

附录 B　1990—2012 年中国人民银行储蓄存款利率变动表　　（单位:%）

时间	活期	3 个月	6 个月	1 年	2 年	3 年	5 年	8 年
1990 - 04 - 15	2.88	6.30	7.74	10.08	10.98	11.88	13.68	16.20
1990 - 08 - 21	2.16	4.32	6.48	8.64	9.36	10.08	11.52	13.68
1991 - 04 - 01	1.80	3.24	5.40	7.56	7.92	8.28	9.00	10.08
1993 - 05 - 15	2.16	4.86	7.20	9.18	9.90	10.80	12.06	14.58
1993 - 07 - 11	3.15	6.66	9.00	10.98	11.70	12.24	13.86	17.10
1996 - 05 - 01	2.97	4.86	7.20	9.18	9.90	10.80	12.06	
1996 - 08 - 23	1.98	3.33	5.40	7.47	7.92	8.28	9.00	
1997 - 10 - 23	1.71	2.88	4.14	5.67	5.94	6.21	6.66	
1998 - 03 - 25	1.71	2.88	4.14	5.22	5.58	6.21	6.66	
1998 - 07 - 01	1.44	2.79	3.96	4.77	4.86	4.95	5.22	
1998 - 12 - 07	1.44	2.79	3.33	3.78	3.96	4.14	4.50	
1999 - 06 - 10	0.99	1.98	2.16	2.25	2.43	2.70	2.88	
2002 - 02 - 21	0.72	1.71	1.89	1.98	2.25	2.52	2.79	
2004 - 10 - 29	0.72	1.71	2.07	2.25	2.70	3.24	3.60	
2006 - 08 - 19	0.72	1.80	2.25	2.52	3.06	3.69	4.14	
2007 - 03 - 18	0.72	1.98	2.43	2.79	3.33	3.96	4.41	
2007 - 05 - 19	0.72	2.07	2.61	3.06	3.69	4.41	4.95	
2007 - 07 - 21	0.81	2.34	2.88	3.33	3.96	4.68	5.22	
2007 - 08 - 22	0.81	2.61	3.15	3.60	4.23	4.95	5.49	
2007 - 09 - 15	0.81	2.88	3.42	3.87	4.50	5.22	5.76	
2007 - 12 - 21	0.72	3.33	3.78	4.14	4.68	5.40	5.85	
2008 - 10 - 09	0.72	3.15	3.51	3.87	4.41	5.13	5.58	
2008 - 10 - 30	0.72	2.88	3.24	3.60	4.14	4.77	5.13	
2008 - 11 - 27	0.36	1.98	2.25	2.52	3.06	3.60	3.87	
2008 - 12 - 23	0.36	1.71	1.98	2.25	2.79	3.33	3.60	
2010 - 10 - 20	0.36	1.91	2.20	2.50	3.25	3.85	4.20	
2010 - 12 - 26	0.36	2.25	2.50	2.75	3.55	4.15	4.55	
2011 - 02 - 09	0.40	2.60	2.80	3.00	3.90	4.50	5.00	

续表

时间	活 期	3个月	6个月	1年	2年	3年	5年	8年
2011 – 04 – 06	0.50	2.85	3.05	3.25	4.15	4.75	5.25	
2011 – 07 – 07	0.50	3.10	3.30	3.50	4.40	5.00	5.50	
2012 – 06 – 08	0.40	2.85	3.05	3.25	4.10	4.65	5.10	
2012 – 07 – 06	0.35	2.60	2.80	3.00	3.75	4.25	4.75	

注：2008年10月9日起，暂免征收利息所得税。

数据来源：中国人民银行相关公告，详见官网 http://www.pbc.gov.cn/。

附录 C 2002—2012 年中国人民银行贷款基准利率调整表

序号	日期	短期		中长期		
		6个月内（%）	6个月至1年（%）	1年至3年（%）	3年至5年（%）	5年以上（%）
1	2012 – 06 – 08	5.85	6.31	6.40	6.65	6.80
2	2011 – 07 – 07	6.10	6.56	6.65	6.90	7.05
3	2011 – 04 – 06	5.85	6.31	6.40	6.65	6.80
4	2011 – 02 – 09	5.60	6.06	6.10	6.45	6.60
5	2010 – 12 – 26	5.35	5.81	5.85	6.22	6.40
6	2010 – 10 – 20	5.10	5.56	5.60	5.96	6.14
7	2008 – 12 – 23	4.86	5.31	5.40	5.76	5.94
8	2008 – 11 – 27	5.04	5.58	5.67	5.94	6.12
9	2008 – 10 – 30	6.03	6.66	6.75	7.02	7.20
10	2008 – 10 – 27	6.12	6.93	7.02	7.29	7.47
11	2008 – 10 – 09	6.12	6.93	7.02	7.29	7.47
12	2008 – 09 – 16	6.21	7.20	7.29	7.56	7.74
13	2007 – 12 – 21	6.57	7.47	7.56	7.74	7.83
14	2007 – 09 – 15	6.48	7.29	7.47	7.65	7.83
15	2007 – 08 – 22	6.21	7.02	7.20	7.38	7.56
16	2007 – 07 – 21	6.03	6.84	7.02	7.20	7.38
17	2007 – 05 – 19	5.85	6.57	6.75	6.93	7.20
18	2007 – 03 – 18	5.67	6.39	6.57	6.75	7.11

续表

序号	日期	短期		中长期		
		6个月内（%）	6个月至1年（%）	1年至3年（%）	3年至5年（%）	5年以上（%）
19	2006 – 08 – 19	5.58	6.12	6.30	6.48	6.84
20	2006 – 04 – 28	5.40	5.85	6.03	6.12	6.39
21	2005 – 03 – 17	5.22	5.58	5.76	5.85	6.12
22	2004 – 10 – 29	5.22	5.58	5.76	5.85	6.12
23	2002 – 02 – 21	5.04	5.31	5.49	5.58	5.76

注：数据来自于中国人民银行官方网站 http：//www.pbc.gov.cn/，经作者手工整理而得。

参考文献

[1] 埃斯潘·埃布克. 公司财务实证研究 [M]. 杨丹, 译. 大连: 东北财经大学出版社, 2011.

[2] 查剑秋, 张秋生, 庄健. 战略管理下的企业内控与企业价值关系实证研究 [J]. 审计研究, 2009 (1): 76 - 80.

[3] 陈浪南, 姚正春. 我国股利政策信号传递作用的实证研究 [J]. 金融研究, 2000 (10): 69 - 77.

[4] 崔志娟. 规范内部控制的思路与政策研究——基于内部控制信息批露 "动机选择" 视角的分析 [J]. 会计研究, 2011 (11): 12 - 19.

[5] 方春生, 王立彦, 林小驰, 等. SOX 法案、内控制度与财务信息可靠性——基于中国石化第一手数据的调查 [J]. 审计研究, 2008 (1): 45 - 51.

[6] 方红星, 金玉娜. 高质量内部控制能抑制盈余管理吗? ——基于自愿性内部控制鉴证报告的经验研究 [J]. 会计研究, 2011 (8): 60 - 70.

[7] 方红星, 施继坤. 自愿性内部控制审计与权益资本成本——来自沪市 A 股非金融类上市公司的经验证据 [J]. 经济管理, 2011 (12): 128 - 134.

[8] 方红星, 孙翯, 金韵韵. 公司特征、外部审计与内部控制信息的自愿披露——基于沪市上市公司 2003—2005 年年报的经验研究 [J]. 会计研究, 2009 (10): 44 - 52.

[9] 方红星. 内部控制、审计与组织效率 [J]. 会计研究, 2002 (7): 41 - 44.

[10] 付雷鸣, 万迪昉, 张雅慧. 中国上市公司公司债发行公告效应的实证研究 [J]. 金融研究, 2010 (3): 130 - 143.

[11] 高强, 邹恒甫. 企业债券与公司债券的信息有效性实证研究 [J]. 金融研究, 2010 (7): 99 - 116.

[12] 郭洪, 何丹. 基于剩余收益价值模型的权益资本成本计量及其运用

[J]．管理世界，2010（1）：183－185.

[13] 郝东洋，张天西．股利政策冲突、稳健会计选择与公司债务成本[J]．经济与管理研究，2011（2）：72－80.

[14] 何平，金梦．信用评级在中国债券市场的影响力[J]．金融研究，2010（4）：15－28.

[15] 黄娟娟，肖珉．信息披露、收益不透明度与权益资本成本[J]．中国会计评论，2006（1）：69－84.

[16] 黄寿昌，李芸达，陈圣飞．内部控制报告自愿披露的市场效应——基于股票交易量及股票收益波动率的实证研究[J]．审计研究，2010（4）：44－51.

[17] 黄新建，刘星．内部控制信息透明度与公司绩效的实证研究——来自2006—2008年沪市制造业公司的经验证据[J]．软科学，2010（3）：109－112.

[18] 蒋琰．权益成本、债务成本与公司治理：影响差异性研究[J]．管理世界，2009（11）：144－155.

[19] 孔小文，于笑坤．上市公司股利政策信号传递效应的实证分析[J]．管理世界，2003（6）：144－153.

[20] 李广子，刘力．债务融资成本与民营信贷歧视[J]．金融研究，2009（12）：137－150.

[21] 李海燕，厉夫宁．独立审计对债权人的保护作用——来自债务代理成本的证据[J]．审计研究，2008（3）：81－92.

[22] 李明辉．试析会计师事务所选择的信号传递功能[J]．经济评论，2004（2）124－128.

[23] 李万福，林斌，杨德明，等．内控信息披露、企业过度投资与财务危机——来自中国上市公司的经验证据[J]．中国会计与财务研究，2010（4）：76－141.

[24] 林斌，饶静．上市公司为什么自愿披露内部控制鉴证报告？——基于信号传递理论的实证研究[J]．会计研究，2009（2）：45－52.

[25] 林毅夫，李志赟．政策性负担、道德风险与预算软约束[J]．经济研究，2004（2）：17－27.

[26] 林钟高，王书珍．内部控制与企业价值的相关性：实证分析[J]．

财贸研究, 2007 (2): 129 - 134.

[27] 刘桂斌, 刘勤. 产权经济学新论 [M]. 北京: 人民出版社, 2007.

[28] 刘明辉. 高级审计研究 [M]. 大连: 东北财经大学出版社, 2009.

[29] 刘淑莲. 公司理财 [M]. 2 版. 北京: 北京大学出版社, 2012.

[30] 卢文鹏, 尹晨. 隐性担保、补偿替代与政府债务——兼论我国的财政风险问题 [J]. 财贸经济, 2004 (1): 55 - 61.

[31] 陆正飞, 叶康涛. 中国上市公司股权融资偏好解析——偏好股权融资就是缘于融资成本低吗? [J]. 经济研究, 2004 (4): 50 - 59.

[32] 罗进辉. 媒体报道对权益成本和债务成本的影响及其差异——来自中国上市公司的经验证据 [J]. 投资研究, 2012 (9): 95 - 112.

[33] 倪铮, 魏山巍. 关于我国公司债务融资的实证研究 [J]. 金融研究, 2006 (8): 20 - 30.

[34] 乔引花, 张淑惠. 企业环境会计信息披露行为研究——基于信号传递的分析 [J]. 当代经济科学, 2009 (3): 119 - 128.

[35] 邱冬阳, 陈林, 孟卫东. 内部控制信息披露与 IPO 抑价——深圳中小板市场的实证研究 [J]. 会计研究, 2010 (10): 13 - 39.

[36] 让·梯若尔. 公司金融理论 [M]. 王永钦, 译. 北京: 中国人民大学出版社, 1996.

[37] 单华军. 内部控制、公司违规与监管绩效改进——来自 2007—2008 年深市上市公司的经验证据 [J]. 中国工业经济, 2010 (11): 140 - 148.

[38] 沈炳熙, 曹媛媛. 中国债券市场: 30 年改革与发展 [M]. 2 版. 北京: 北京大学出版社, 2014.

[39] 斯蒂格利茨·纪沫, 陈工文. 信息经济学: 基本原理 [M]. 纪沫, 陈工文, 李飞跃, 译. 北京: 中国金融出版社, 2007.

[40] 宋常, 恽碧琰. 上市公司首次披露的非标准审计意见信息含量研究 [J]. 审计研究, 2005 (1): 32 - 40.

[41] 孙铮, 李增泉, 王景斌. 所有权性质、会计信息与债务契约——来自我国上市公司的经验证据 [J]. 管理世界, 2006 (10): 100 - 149.

[42] 汪冬华, 俞晓雯. 境外上市对我国上市公司权益资本成本的影响 [J]. 上海经济研究, 2011 (2): 82 - 91.

[43] 汪炜, 蒋高峰. 信息披露、透明度与资本成本 [J]. 经济研究,

2004 (7)：107 – 114.

　　[44] 王兵，辛清泉，杨德明．审计师声誉影响股票定价吗——来自 IPO 定价市场化的证据 [J]．会计研究，2009 (11)：73 – 81.

　　[45] 王国刚．论"企业债券"与"公司债券"的分立 [J]．中国工业经济，2007 (2)：5 – 11.

　　[46] 王敏，夏勇．内部控制质量与权益资本成本关系研究评述与展望 [J]．经济与管理研究，2011 (5)：49 – 55.

　　[47] 魏志华，王贞洁，吴育辉，等．金融生态环境、审计意见与债务融资成本 [J]．审计研究，2012 (3)：98 – 105.

　　[48] 乌家培，谢康，肖静华．信息经济学 [M]．2 版．北京：高等教育出版社，2007.

　　[49] 吴东辉，薛祖云．财务分析师盈利预测的投资价值：来自深沪 A 股市场的证据 [J]．会计研究，2005 (8)：37 – 43.

　　[50] 吴益兵．内部控制审计、价值相关性与资本成本 [J]．经济管理，2009 (9)：64 – 69.

　　[51] 新夫，陈冬华．盈余质量、制度环境与权益资本成本——来自中国证券市场的经验证据 [J]．当代会计评论，2009 (6)：38 – 59.

　　[52] 徐玉德，李挺伟，洪金明．制度环境、信息披露质量与银行债务融资约束——来自深市 A 股上市公司的经验证据 [J]．财贸经济，2011 (5)：51 – 57.

　　[53] 杨德明，胡婷．内部控制、盈余管理与审计意见 [J]．审计研究，2010 (5)：90 – 97.

　　[54] 杨德明，林斌，王彦超．内部控制、审计质量与代理成本 [J]．财经研究，2009 (12)：40 – 49.

　　[55] 杨雄胜．内部控制理论研究新视野 [J]．会计研究，2005 (7)：49 – 54.

　　[56] 杨玉凤，王火欣，曹琼．内部控制信息披露质量与代理成本相关性研究——基于沪市 2007 年上市公司的经验数据 [J]．审计研究，2010 (1)：82 – 88.

　　[57] 姚立杰，罗玫，夏冬林．公司治理与银行借款融资 [J]．会计研究，2010 (8)：55 – 61.

［58］叶德磊．隐性担保、市场博弈与创新需求的满足——一个关于中国股币的分析框架［J］．财经科学，2006（7）：28－34．

［59］叶康涛，张然，徐浩萍．声誉、制度环境与债务融资——基于中国民营上市公司的证据［J］．金融研究，2010（8）：171－183．

［60］于富生，张敏．信息披露质量与债务成本——来自中国证券币场的经验证据［J］．审计与经济研究，2007（5）：93－96．

［61］于李胜，王艳艳，陈泽云．信息中介是否具有经济附加价值？——理论与经验证据［J］．管理世界，2008（7）：134－144．

［62］于李胜，王艳艳．信息风险与市场定价［J］．管理世界，2007（2）：76－85．

［63］约翰·穆勒．政治经济学原理及其在社会哲学上的若干应用：下卷［M］．胡企林，朱泱，译．北京：商务印书馆，1991．

［64］曾颖，陆正飞．信息披露质量与股权融资成本［J］．经济研究，2006（2）：69－79．

［65］张川，沈红波，高新梓．内部控制的有效性、审计师评价与企业绩效［J］．审计研究，2009（6）：79－86．

［66］张国清．内部控制与盈余质量——基于2007年A股公司的经验证据［J］．经济管理，2008（增刊3）：112－119．

［67］张国清．自愿性内部控制审计的经济后果：基于审计延迟的经验研究［J］．经济管理，2010（6）：105－112．

［68］张娟，李虎，王兵．审计师选择、信号传递和资本结构优化调整——基于中国上市公司的实证分析．审计与经济研究［J］．2010（5）：33－39．

［69］张龙平，王军只，张军．内部控制鉴证对会计盈余质量的影响研究——基于沪市A股公司的经验证据［J］．审计研究，2010（2）：83－90．

［70］张敏，朱小平．中国上市公司内部控制问题与审计定价关系研究——来自中国A股上市公司的横截面数据［J］．经济管理，2010（9）：108－113．

［71］张然，王会娟，许超．披露内部控制自我评价与鉴证报告会降低资本成本吗？——来自中国A股上市公司的经验证据［J］．审计研究，2012（1）：96－102．

[72] 张宗新, 姚力, 厉格菲. 中国证券市场制度风险的生成及化解 [J]. 经济研究, 2001 (10): 60 – 66.

[73] 周继军, 张旺峰. 内部控制、公司治理与管理者舞弊研究——来自中国上市公司的经验证据 [J]. 中国软科学, 2011 (8): 141 – 154.

[74] 祝继高, 陆正飞, 张然, 等. 银行借款信息的有用性与股票投资回报——来自 A 股上市公司的经验证据 [J]. 金融研究, 2009 (1): 122 – 135.

[75] 祝继高, 陆正飞. 产权性质、股权再融资与资源配置效率 [J]. 金融研究, 2011 (1): 131 – 148.

[76] Aharony J, Itzhak Swary. Quarterly Dividend and Earnings Announcements and Stockholders' Returns: An Empirical Analysis [J]. Journal of Finance, 1980, 35 (1): 1 – 12.

[77] Akerlof G A. The Market for "Lemons": Quality Uncertainty and the Market Mechannism [J]. Quarterly Journal of Economics, 1970, 84 (3): 488 – 500.

[78] Altamuro J, Anne Beatty. How does internal control regulation affect financial reporting? [J]. Journal of Accounting and Economics, 2010, 49: 58 – 74.

[79] Amir E, Guan Y, et al. Auditor Independence and the Cost of Capital before and after Sarbanes – Oxley: The Case of Newly Issued Public Debt [J]. European Accounting Review, 2010, 19 (4): 633 – 664.

[80] Armstrong C S, Core J E, Taylor D J, Verrecchia R E. When Does Information Asymmetry Affect the Cost of Capital? [J]. Journal of Accounting Research, 2010, 49: 1 – 40.

[81] Ashbaugh – Skaife H, Daniel W Collins, William R Kinney, et al. The Effect of SOX Internal Control Deficiencies and Their Remediation on Accrual Quality [J]. The Accounting Review, 2008, 83: 217 – 250.

[82] Ashbaugh – Skaife H, Collins D, Kinney W, LaFond R. The Effect of SOX Internal Control Deficiencies on Firm Risk and Cost of Equity [J]. Journal of Accounting Research, 2009 (3): 1 – 43.

[83] Asquith, Paul, David W Mullins Jr. The Impact of Initiating Dividend Payments on Shareholders' Wealth [J]. Journal of Business, 1983, 56 (1):

77 – 96.

[84] Balachandran B, Krishnamurti C, et al. Dividend Reductions, the Timing of Dividend Payments and Information Content [J] . Journal of Corporate Finance, 2012, 18 (5): 1232 – 1247.

[85] Balvers R J, et al. Underpricing of New Issues and the Choice of Auditors as a Signal of Investment Banker Reputation [J] . The Accounting Review, 1988 (4): 605 – 622.

[86] Beatty R P. Auditor Reputation and the Pricing of Initial Public Offerings [J] . The Accounting Review, 1989 (4): 693 – 709.

[87] Beneish M D, Billings M B, Hodder L D. Internal Control Weaknesses and Information Uncertainty [J] . The Accounting Review, 2008, 83 (3): 665 – 703.

[88] Bharath S, Sunder J, Sunder S V. Accounting quality and debt contracting [J] . The Accounting Review, 2008, 83 (1): 1 – 28.

[89] Bhojraj S, Sengupta P. Effects of Corporate Governance on Bond Ratings and Yields: The Role of Institutional Investors and Outside Directors [J] . Journal of Business, 2003, 76 (3): 455 – 476.

[90] Black F, Cox J C. Valuing Corporate Securities: Some Effects of Bond Indenture Provisions [J] . The Journal of Finance, 1976, 31 (2): 351 – 367.

[91] Black F Scholes. The Pricing of Options and Corporate Liabilities [J] . Journal of Political Economy, 1973, 81 (3): 637 – 654.

[92] Blackwell D W, Noland T R, Winters D B. The value of auditor assurance: Evidence from loan pricing [J] . Journal of Accounting Research, 1998, 36 (1): 57 – 70.

[93] Bonfim D. Credit Risk Drivers: Evaluating the Contribution of Firm Level Information and of Macroeconomic Dynamics [J] . Journal of Banking & Finance, 2009, 33: 281 – 299.

[94] Borisova G, Megginson W L. Does Government Ownership Affect the Cost of Debt? Evidence from Privatization [J] . Review of Financial Studies, 2011, 24 (8): 2693 – 2737.

[95] Botosan C A. Disclosure Level and the Cost of Equity Capital [J] . The

Accounting Review, 1997, 72: 323 – 349.

[96] Botosan C A, Plumlee M. A Re – examination of Disclosure Level and the Expected Cost of Equity Capital [J] . Journal of Accounting Research, 2002, 40: 21 – 40.

[97] Botosan C, Plumlee M. Assessing alternative proxies for the expected risk premium [J] . The Accounting Review, 2005, 80: 21 – 53.

[98] Boubakri N, Ghouma H. Control/ownership Structure, Creditor Rights Protection, and the Cost of Debt Financing: International Evidence [J] . Journal of Banking & Finance, 2010, 34 (10): 2481 – 2499.

[99] Campbell J, Taksler G. Equity Volatility and Corporate Bond Yields [J] . Journal of Finance, 2003, 58: 2321 – 2349.

[100] Chan K C, Barbara Farrell, Picheng Lee. Earnings Management of Firms Reporting Material Internal Control Weaknesses under Section 404 of the Sarbanes – OxleyAct [J] . Auditing: A Journal of Practice & Theory, 2008, 27: 161 – 179.

[101] Cheng Q, Lo K I N. Insider Trading and Voluntary Disclosures [J] . Journal of Accounting Research, 2006, 44 (5): 815 – 848.

[102] Christensen P O, dela Rosa L E, Feltham G A. Information and the Cost of Capital: An Ex Ante Perspective [J] . The Accounting Review, 2010, 85 (3): 817 – 848.

[103] Clement M, Frankel R, et al. Confirming Management Earnings Forecasts, Earnings Uncertainty, and Stock Returns [J] . Journal of Accounting Research, 2003, 41 (4): 653 – 679.

[104] Cohen D A. Does Information Risk Really Matter? An Analysis of the Determinants and Economic Consequences of Financial Reporting Quality [J] . Asia – Pacific Journal of Accounting and Economics, 2008, 15 (2): 69 – 90.

[105] Core J E. A Review of the Empirical Disclosure Literature: Discussion [J] . Journal of Accounting and Economics, 2001, 31: 441 – 456.

[106] Costello A M, Wittenberg – Moerman R. The Impact of Financial Reporting Quality on Debt Contracting: Evidence from Internal Control Weakness Reports [J] . Journal of Accounting Research, 2011, 49: 97 – 136.

[107] Cready W M, Lopez T J, et al. [J] . Negative Special Items and Future Earnings: Expense Transfer or Real Improvements? [J] . The Accounting Review, 2012, 87 (4): 1165 – 1195.

[108] Davis A K, Piger J M, et al. Beyond the Numbers: Measuring the Information Content of Earnings Press Release Language [J] . Contemporary Accounting Research, 2012, 29 (3): 845 – 856.

[109] Dechow P, Sloan R, Sweeney A. Causes and Consequences of Earnings Manipulation: an Analysis of Firms Subject to Enforcement Actions by the SEC [J] . Contemporary Accounting Research, 1996, 13: 1 – 36.

[110] DeFond M, Jiambalvo J. Debt Covenant Violations and Manipulation of Accruals [J] . Journal of Accounting and Economics, 1994, 17: 145 – 176.

[111] Dhaliwal D, et al. Internal Control Disclosures, Monitoring, and the Cost of Debt [J] . The Accounting Review, 2001a, 86 (4): 1131 – 1156.

[112] Dhaliwal D, et al. Voluntary Nonfinancial Disclosure and the Cost of Equity Capital: The Initiation of Corporate Social Responsibility Reporting [J] . The Accounting Review, 2001b, 86 (1): 59 – 100.

[113] Diamond D W, Verrecchia R E. Disclosure, Liquidity, and the Cost of Capital [J] . Journal of Finance, 1991, 46: 1325 – 1359.

[114] Diamond D. Monitoring and Reputation: the Choice between Bank Loans and Directly Placed Debt [J] . Journal of Political Ecomomy, 1991, 99: 689 – 721.

[115] Doyle J T, Ge Weili, Sarah McVay. Accruals Quality and Internal Control over Financial Reporting [J] . The Accounting Review, 2007, 82: 1141 – 1170.

[116] Duffee G R. The Relation between Treasury Yields and Corporate Bond Yield Spreads [J] . Journal of Finance, 1998, 53 (6): 2225 – 2241.

[117] Dye R A. Strategic Accounting Choice and the Effects of Alternative Financial Reporting Requirements [J] . Journal of Accounting Research, 1985, 23 (2): 544 – 574.

[118] Easley D, O' Hara M. Information and the Cost of Capital [J] . Journal of Finance, 2004, 59: 1553 – 1583.

［119］Easton P. PE Ratios, PEG Ratios, and Estimating the Implied Expected Rate of Return on Equity Capital ［J］. The Accounting Review, 2004, 79: 73 - 95.

［120］Epps R W, Cynthia P Guthrie. Sarbanes - Oxley 404 material weaknesses and discretionary accruals ［J］. Accounting Forum, 2010, 34: 67 - 75.

［121］Fabozzi F J, Modigliani F. Capital Market: Institutions and Tools ［M］. Beijing: China Renmin University Press, 2010.

［122］Fama E. What's different about banks? ［J］. Journal of Monetary Economics, 1985 (10): 10 - 19.

［123］Fan J, Wong T J. Do external auditors perform a corporate governance role in emerging markets? Evidence fromEast Asia ［J］. Journal of Accounting Research, 2005, 43 (1): 35 - 72.

［124］Feng M, Li C, McVay S. Internal Control and Management Guidance ［J］. Journal of Accounting and Economics, 2009, 48: 190 - 209.

［125］Francis J, La Fond R Olsson, P Schipper K. The Market Pricing of Accruals Quality ［J］. Journal of Accounting and Economics, 2009, 39: 295 - 327.

［126］Francis J R, Khurana I K, Pereira R. Disclosure Incentives and Effects on Cost of Capital around the World ［J］. The Accounting Review, 2005, 80 (4): 1125 - 1162.

［127］Francis J, Nanda D, Olsson P. Voluntary disclosure, earnings quality, and cost of capital ［J］. Journal of Accounting Research, 2008, 46: 53 - 99.

［128］Frankel R, Johnson M, et al. An Empirical Examination of Conference Calls as a Voluntary Disclosure Medium ［J］. Journal of Accounting Research, 1999, 37 (1): 133 - 150.

［129］Fuller Kathleen P. The Impact of Informed Trading on Dividend Signaling: a Theoretical and Empirical Examination ［J］. Journal of Corporate Finance, 2003 (9): 385 - 407.

［130］Fuller K P, Goldstein M A. Do Dividends Matter More in Declining Markets? ［J］. Journal of Corporate Finance, 2011, 17 (3): 457 - 473.

[131] Gao P. Disclosure Quality, Cost of Capital, and Investor Welfare [J]. The Accounting Review, 2010, 85 (1): 1 – 29.

[132] Goh B W, Li Dan. Internal Controls and Conditional Conservatism [J]. The Accounting Review, 2011, 86: 975 – 1005.

[133] Graham J R, Li S, Qiu J. Corporate Misreporting and Bank Loan Contracting [J]. Journal of Financial Economics, 2008, 89 (1): 44 – 61.

[134] Graham J, Harvey C, Rajgopal S. The Economic Implications of Corporate Fnancial Reporting [J]. Journal of Accounting and Economics, 2005, 40: 3 – 73.

[135] Gu Z, Wu J. Earnings Skewness and Analyst Forecast Bias [J]. Journal of Accounting and Economics, 2003, 35: 5 – 29.

[136] Hail Luzi, Christian Lenz. International Differences in Cost of Equity Captial: Do Legal Intitution and Security Regulations Matter? [J]. Journal of Accounting Review, 2006, 144 (13): 485 – 531.

[137] Hammersley J S, Linda A Myers, Catherine Shakespeare. Market Reactions to the Disclosure of Internal Control Weaknesses and to the Characteristics of those Weaknesses under Section 302 of the Sarbanes Oxley Act of 2002 [J]. Review of Accounting Studies, 2008, 13: 141 – 165.

[138] Hart O, Holmstrom. The Theory of Contracts [M] //in Bewley, Truan E. Advances in Economics Theory. Cambridge University Press, 1987: 71 – 156.

[139] Healy Paul M, Krishna G Palepu. Information Asymmetry, Corporate Disclosure, and the Capital Markets: A Review of the Empirical Disclosure Literature [J]. Journal of Accounting and Economics, 2001, 31: 405 – 440.

[140] Healy P M, Hutton A P, et al. Stock Performance and Intermediation Changes Surrounding Sustained Increases in Disclosure [J]. Contemporary Accounting Research, 1999, 16 (3): 485 – 520.

[141] Healy Paul M, Krishna G Palepu. Earnings Information Conveyed by Dividend Initiations and Omissions [J]. Journal of Financial Economics, 1988, 21 (2): 149 – 176.

[142] Hirst E, Koonce L, Venkataraman S. Management earnings forecasts: a review and framework [J]. Accounting Horizons, 2008, 22: 315 – 338.

[143] Iliev Peter. The Effect of SOX Section 404: Costs, Earnings Quality, and Stock Prices [J]. The Journal of Finance, 2010, 85: 1163 – 1196.

[144] Ingram R W. An Investigation of the Information Content of (Certain) Social Responsibility Disclosures [J]. Journal of Accounting Research, 1978, 16 (2): 270 – 285.

[145] Ivo Welch. Equity Offerings following the IPO: Theory and evidence [J]. Journal of Corporate Finance, 1996 (2): 227 – 259.

[146] Jarrow R A, Turnbull S M. Pricing Derivatives on Financial Securities Subject to Credit Risk [J]. Journal of Finance, 1995, 50: 53 – 85.

[147] Jensen M, Meckling W. Theory of firm: Managerial behavior, agency costs and ownership structure [J]. Journal of Financial Economics, 1976, 3 (2): 305 – 360.

[148] Jiang J. Beating Earnings Benchmarks and the Cost of Debt [J]. The Accounting Review, 2008, 83 (2): 377 – 416.

[149] Jun Sang – gyung, Mookwon Jung, Ralph A. Share Repurchase, Executive Options and Wealth Changes to Stockholder and Bondholders [J]. Journal of Corporate Finance, 2009, 15: 212 – 229.

[150] Jung M, Michael J Sullivan. The Signaling Effects Associated with Convertible Debt Design [J]. Journal of Business Research, 2009, 62: 1358 – 1363.

[151] Khwaja A I, Mian A. Do Lenders Favor Politically Connected Firms [J]. Quarterly Journal of Economics, 2005, 120: 1371 – 1411.

[152] Kim J B, et al. Internal Control Weakness and Bank Loan Contracting: Evidence from SOX Section 404 Disclosures [J]. The Accounting Review, 2011, 86: 1157 – 1188.

[153] Kim Joung W, Shi Yaqi. Voluntary Disclosure and the Cost of Equity Capital: Evidence from Management Earnings Forecasts [J]. Journal of Accounting Public Policy, 2011, 30 (4): 348 – 366.

[154] Kim J B, Yi C H. Does auditor designation by the regulatory authority improve audit quality? Korean evidence [J]. Journal of Accounting and Public Policy, 2009, 28 (3): 207 – 230.

［155］Kim J B, Simunic D A, et al. Voluntary Audits and the Cost of Debt Capital for Privately Held Firms: Korean Evidence ［J］. Contemporary Accounting Research, 2011, 28 (2): 585 – 615.

［156］Kima Y, Myung Seok Park. Market uncertainty and disclosure of internal control deficiencies under the Sarbanes – Oxley Act ［J］. Journal of Accounting and Public Policy, 2009, 28: 419 – 445.

［157］Kornai, Janos. The Soft Budget Constraint ［J］. Kyklos, 1986, 39 (1): 3 – 30.

［158］Kothari S, Leone A, Wasley C. Performance Matched Discretionary Accrual Measures ［J］. Journal of Accounting & Economics, 2005, 39: 163 – 197.

［159］Kothari S P, Li X, Short J E. The Effect of Disclosures by Management, Analysts, and Business Press on Cost of Capital, Return Volatility, and AnalystForecasts: a Study using Content Analysis ［J］. The Accounting Review, 2009, 84: 1639 – 1670.

［160］La Porta R, Lopez De Silanes, F Shleifer A, Vishny R. Legal Determinants of External Finance ［J］. Journal of Finance, 1997, 52: 1131 – 1150.

［161］LaFond R, You Haifeng. The Federal Deposit Insurance Corporation Improvement Act, Bank Internal Controls and Financial Reporting Quality ［J］. Journal of Accounting and Economics, 2010, 49: 75 – 83.

［162］Lai K W. The Cost of Debt When all – equity Firms Raise Finance: The Role of Investment Opportunities, Audit quality and Debt maturity ［J］. Journal of Banking & Finance, 2011, 35 (8): 1931 – 1940.

［163］Lambert R A, Leuz C, Verrecchia R E. Accounting Information, Disclosure, and the cost of Capital ［J］. Journal of Accounting Research, 2007, 45 (2): 385 – 420.

［164］Lang M H, Lundholm R J. Voluntary Disclosure and Equity Offerings: Reducing Information Asymmetry or Hyping the Stock ? ［J］. Contemporary Accounting Research, 2000, 17 (4): 623 – 662.

［165］Langberg N, Sivaramakrishnan K. Voluntary Disclosures and Analyst

Feedback [J] . Journal of Accounting Research, 2010, 48 (3): 603 – 646.

[166] Leone A J, Rock S, et al. Disclosure of Intended Use of Proceeds and Underpricing in Initial Public Offerings [J] . Journal of Accounting Research, 2007, 45 (1): 111 – 153.

[167] Leuz C, Verrecchia R E. The Economic Consequences of Increased Disclosure [J] . Journal of Accounting Research, 2000, 38: 91 – 124.

[168] Longstaff F A, Schwartz E S. A Simple Approach to Valuing Risky Fixed and Floating Rate Debt [J] . Journal of Finance, 1995, 50 (3): 789 – 819.

[169] Lopez T J, Scott D Vandervelde, Wu Yi – Jing. Investor perceptions of an auditor's adverse internal control opinion [J] . Journal of Accounting and Public Policy, 2009, 28: 231 – 250.

[170] Louis Henock, Hal White. Do Managers Intentionally Use Repurchase Tender Offers to Signal Private Information? Evidence from Firm Financial Reporting Behavior [J] . Journal of Financial Economics, 2007, 85: 205 – 233.

[171] Mansi S A, Maxwell W F, et al. Analyst Forecast Characteristics and the Cost of Debt [J] . Review of Accounting Studies, 2011, 16 (1): 116 – 142.

[172] Ogneva M, Subramanyam K R. Does the Stock Market Underreact to Going Concern Opinions? Evidence from the U. S. and Australia [J] . Journal of Accounting and Economics, 2007, 43: 439 – 452.

[173] Marquardt C A, Wiedman C I. Voluntary Disclosure, Information Asymmetry, and Insider Selling through Secondary Equity Offerings [J] . Contemporary Accounting Research, 1998, 15 (4): 505 – 537.

[174] Mensah, Y M, Song X, Ho S S M. The Long – term Payoff from Increased Corporate Disclosures [J] . Journal of Accounting and Public Policy, 2003, 22: 107 – 150.

[175] Merton R C. On the Pricing of Corporate Debt: the Risk Structure of Interest Rates [J] . Journal of Finance, 1974, 29: 449 – 470.

[176] Munsif V, Raghunandan K, Rama D V, Singhvi M. Audit Fees after Remediation of Internal Control Weaknesses [J] . Accounting Horizons, 2011, 25: 87 – 105.

［177］Nagy A L. Section 404 Compliance and Financial Reporting Quality ［J］. Accounting Horizons, 2010, 24: 441 – 454.

［178］Nikolaev V, Van Lent L. The Endogeneity Bias in the Relation between Cost – of – Debt Capital and Corporate Disclosure Policy ［J］. European Accounting Review, 2005, 14 (4): 677 – 724.

［179］Ogneva M, Subramanyam K R, Raghunandan K. Internal Control Weakness and Cost of Equity: Evidence from SOX Section 404 Disclosures ［J］. The Accounting Review, 2007, 82 (5): 1255 – 1297.

［180］Pittman J A, Fortin S. Auditor Choice and the Cost of Debt Capital for Newly Public Firms ［J］. Journal of Accounting and Economics, 2004, 37 (1): 113 – 136.

［181］Qi Howard, Sheen Liu, Chunchi Wu. Structural Models of Corporate Bond Pricing with Personal Taxes ［J］. Journal of Banking & Finance, 2010, 34: 1700 – 1718.

［182］Rau R, Vermaelen T. Regulation, Taxes, and Share Repurchases in theUnited Kingdom ［J］. Journal of Business, 2002, 75: 245 – 282.

［183］Rose J M, Carolyn Strand Norman, Anna M Rose. Perceptions of Investment Risk Associated with Material Control Weakness Pervasiveness and Disclosure Detail ［J］. The Accounting Review, 2010, 85: 1787 – 1807.

［184］Sánchez – Ballesta J P, Garcia – Meca E. Ownership Structure and the Cost of Debt ［J］. European Accounting Review, 2011, 20 (2): 389 – 416.

［185］Sapienza P. The Effects of Government Ownership on Bank Lending ［J］. Journal of Financial Economics, 2004, 72: 357 – 384.

［186］Schneider A, Bryan K Church. The Effect of Auditors' Internal Control Opinions on Loan Decisions ［J］. Journal of Accounting and Public Policy, 2008, 27 (1): 1 – 18.

［187］Scott N Bronson, Joseph V Carcello, Raghunandan K. Firm Characteristics and Voluntary Management Reports on Internal Control ［J］. Auditing: A Journal of Practice& Theory, 2007, 25 (2): 25 – 39.

［188］Sengupta P. Corporate Disclosure Quality and the Cost of Debt ［J］. The Accounting Review, 1998, 73 (4): 459 – 474.

[189] Shi C. On the Trade – off between the Future Benefits and Riskiness of R&D: a Bondholders' Perspective [J] . Journal of Accounting and Economics, 2003, 35: 227 – 254.

[190] Stiglitz J, Weiss A. Credit Rationing in Markets with Imperfect Information [J] . American Economic Review, 1981: 393 – 410.

[191] Verrecchia R E. Essays on Disclosure [J] . Journal of Accounting and Economics, 2001, 31: 97 – 180.

[192] Wasley C E, J Shuang Wu. Why Do Managers Voluntarily Issue Cash Flow Forecasts? [J] . Journal of Accounting Research, 2006, 44 (2): 389 – 429.

[193] Waymire G. Additional Evidence on the Information Content of Management Earnings Forecasts [J] . Journal of Accounting Research, 1984, 22: 703 – 719.

[194] Welker M. Disclosure policy, information asymmetry, and liquidity in equity markets [J] . Contemporary Accounting Research, 1995, 11: 801 – 827.

[195] Zhang I Xiying. Economic consequences of the Sarbanes – Oxley Act of2002 [J] . Journal of Accounting and Economics, 2007, 44: 74 – 115.

[196] Zhang X F. Accruals, investment, and the Accrual Anomaly [J] . The Accounting Review, 2007, 82 (5): 1333 – 1363.

[197] Zhang G H. Private Information Production, Public Disclosure, and the Cost of Capital: Theory and Implications [J] . Contemporary Accounting Research, 2001, 18 (2): 363 – 384.

[198] Ziebart D A, Reiter S A. Bond Ratings, Bond Yields and Financial Information [J] . Contemporary Accounting Research, 1992 (9): 252 – 282.

[199] Zou H, Adams M B. Debt Capacity, Cost of Debt, and Corporate Insurance [J] . Journal of Financial and Quantitative Analysis, 2008, 43 (2): 433 – 466.

后 记

金秋九月，南国八桂贺江畔，瓜熟果香稻谷黄，在本书即将付梓之际，落笔之处皆难掩内心的感激之情。

本书的成稿与笔者在东北财经大学求学期间受到的系统理论培养和实证研究训练密不可分。当年幸得恩师方红星教授的鼓励与提点，才及时找到前进的方向与动力。恩师学识渊博，视野雄阔，对学术前沿问题有着敏锐的洞察力和判断力，与其交谈总有醍醐灌顶、茅塞顿开的感觉。他治学严谨，虽言辞不多，但做事周详缜密，对我的学业和书稿写作倾注了大量的心血；才华横溢、文笔隽永，如行云流水，且引人入胜，文稿经由他点拨、修正和润色，字斟句酌间增色不少，恰有画龙点睛之效。更为可贵的是，恩师对于学生们的真诚与负责，也让我在为人处世上感悟和领受了许多有益的教诲。师恩难忘，无以为报，惟有以勤学律己，铭记在心。

书稿的完成需要知识的积累和沉淀，感谢会计学院的刘淑莲教授和刘明辉教授等在东财大求学期间给我授课解惑的诸位先生们，言传身教令我受益匪浅，让我真正领略了学者大家的熠熠风采。特别感谢刘淑莲教授，她一直以来对我而言更像是母亲，在学业上给予悉心教导和耐心指正，在生活上给予无微不至的关怀照顾，惠吾实深。

望贤思齐，良朋嘉惠。感谢同门师亲和同窗好友在实证数据搜集整理和外文文献下载方面给予我莫大的支持，为我省下了很多宝贵的时间。也要感谢贺州学院经济与管理学院的马文成院长和及其他各位领导、同事，给予我们夫妻二人在工作和学习上的支持和照顾。

最后，我要感谢我的家人。感谢我的爱人张广宝博士，在一同异乡求学，一同钻研学术，一同抚育孩子的岁月中，彼此相知相惜，相扶相助。在我疲惫时给我关爱，在我生病时给我温暖，在我失落时给我安慰，在我苦思冥想时给我提点。你的陪伴、关爱、鼓励和帮助成为我不断攀登的坚强后盾和心理支撑。感谢女儿安安，像一个快乐的小天使，你的欢声笑语总给我带来为母的幸福和对未来生活的希冀。感谢父母双亲对我们的理解

和支持，远离家乡协助我们照看孩子，为我们解除后顾之忧。我知道，未来之路，我们一家人还会携手前行，不离不弃！祝愿家人永远平安喜乐、幸福安康。

施继坤

2017 年 10 月于贺院